나는 제주의 희망 배달부입니다

나는 제주의 희망 배달부입니다
우리 이웃들의 따뜻한 위로와 나눔 이야기

초 판 1쇄 2024년 08월 14일

지은이 김완필
펴낸이 류종렬

펴낸곳 미다스북스
본부장 임종익
편집장 이다경, 김가영
디자인 임인영, 윤가희
책임진행 김요섭, 이예나, 안채원

등록 2001년 3월 21일 제2001-000040호
주소 서울시 마포구 양화로 133 서교타워 711호
전화 02) 322-7802~3
팩스 02) 6007-1845
블로그 http://blog.naver.com/midasbooks
전자주소 midasbooks@hanmail.net
페이스북 https://www.facebook.com/midasbooks425
인스타그램 https://www.instagram.com/midasbooks

© 김완필, 미다스북스 2024, *Printed in Korea*.

ISBN 979-11-6910-751-8 03810

값 19,000원

※ 파본은 본사나 구입하신 서점에서 교환해드립니다.
※ 이 책에 실린 모든 콘텐츠는 미다스북스가 저작권자와의 계약에 따라 발행한 것이므로 인용하시거나 참고하실 경우 반드시 본사의 허락을 받으셔야 합니다.

미다스북스는 다음세대에게 필요한 지혜와 교양을 생각합니다.

우리 이웃들의 따뜻한 위로와 나눔 이야기

나는 제주의
희망 배달부입니다

김완필 지음

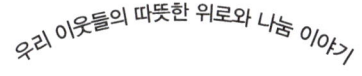

| 들어가는 말 | 제 삶의 이야기를 나누고자 합니다 | 006 |

1장
나는 희망배달부, 사회복지전담공무원입니다

불평불만 가득한 아이의 터닝 포인트	013
수술대 위에서 꿈꾼 희망	017
누군가의 희망이 되고 싶어 선택한 사회복지	024
입직 5개월, 그리고 내 책상 위 사직서	028

2장
제주의 희망배달부가 모은 이웃들의 이야기

희망배달부가 만났던 따뜻한 이야기	035
용이 되기 위한 부지런함과 성실함	049
관심이라는 희망의 씨앗	057
따뜻한 말 한마디와 희망	065
더불어 사는 동네를 만드는 사람들	084
우리 지역의 어둠을 밝히는 촛불	089
사회복지사와 함께 밝은 미래를 향해	104
박수의 힘으로 따뜻한 사회 만들기	112

3장

**공공사회복지,
우리의 희망입니다**

세상 사람들 모두가 행복한 그날을 위해	123
가난에서도 피어나는 희망	131
어려운 곳을 밝혀 주는 우리 이웃들의 등대	140
울기도, 웃기도, 다사다난한 공무원의 삶	152
따르릉, 세발자전거 이론	161
나의 희망 만들기, 우리의 희망 만들기	168

에필로그	세상 그 무엇보다 소중한 희망	188
감사의 말	나의 복지 멘토님들, 그리고 고마운 분들	196
부록	공공사회복지에 대해 알아보자!	216

들어가는 말

제 삶의 이야기를
나누고자 합니다

> 사회복지전담공무원은 「사회보장급여의 이용·제공 및 수급권자 발굴에 관한 법률」 제43조에 의거 사회복지사업에 관한 업무를 담당한다. 시·도, 시·군·구, 읍·면·동 또는 사회보장사무 전담기구에 배치된 사회복지직 공무원이며, 「사회복지사업법」 제11조에 따른 사회복지사의 자격을 가진 사람이다. 사회보장급여에 관한 업무 중 취약계층에 대한 상담과 지도, 생활 실태의 조사 등 보건복지부령으로 정하는 사회복지에 관한 전문적 업무를 맡는다.

저는 바다 건너 제주에서 근무하는 사회복지전담공무원, 사회복지직 7급(주무관) 공무원입니다. 어느덧 사회복지전담공무원이 길에 들어서고 만 11년이 넘었습니다. 불평과 불만으로 가득했던 아이는 인생의 터닝 포인트를 겪으면서 사회복지전담공무원이라는 희망을 꿈꾸었고, 하루하루를 치열하게 노력하며 살았습니다. 재주가 없다고 생각한 공부는 기초부터 조금씩 꾸준히 노력했습니다. 주경야독했던 국민건강보험공단 제주지사 노인장기요양센터 인턴 생활 중 사회복지전담공무원에 운이 좋아 합격했습니다. 최종 합격 발표 순간에 집안을 뛰어다녔던 그 추억은 지금도 잊지 못합니다. 그러나 동기들 중 사회복지전담공무원에 입직하고 5개월 만에 사표를 제출한 사람은 아이러니하게도 바로 저 자신이었습니다. 다행히 사회복지전담공무원 생활을 1년만 더해 보자는 당시 제주시 주민생활지원과 과장님의 설득과 권유가 지금의 저를 만들었습니다. 사회복지전담공무원의 길을 걷고 있는 지금의 제가 없었다면 이 책도 없었을 것입니다. 이 책을 시작하기 전, 제주시 총무과장님으로 퇴직하신 강철수 과장님께 먼저 감사의 말씀을 드립니다.

사회복지전담공무원 경력의 대부분을 5개의 읍·동에서 근무하였습니다. 제주시 한림읍, 이도이동, 구좌읍, 노형동, 이호동에서 근무했습니다. 어떤 분들은 적은 보수와 감액된 공무원 연금으로 공무원이라는 직업의 장점이 사라지면서 공무원이라는 직업을 명예로만 재단하기도

합니다. 시청이나 도청 등 상위 기관에서 근무하는 것을 높게 평가하고 읍·면·동 근무는 상대적으로 낮게 평가하는 경우가 있습니다. 제 생각과 경험에서도 일정 부분 공감하는 면이 있습니다. 제가 사기업에 다닌다고 하면 지점보다는 본사를 가고 싶어 할 것이고, 경찰에 근무한다면 지구대보다는 경찰서 또는 지방경찰청을 희망할 것입니다. 그리고 시청과 도청에서 짧게나마 근무했던 경험을 떠올려 보면 수많은 민원을 대하며 정책을 집행하고 중앙부처·관계기관과 협력하여 정책을 기획하는 일들은 쉬운 일이 아니었습니다. 그러므로 상급 행정기관에서의 업무가 어렵다는 이야기에 많은 공감을 합니다.

그러나 읍·면·동 근무를 평가절하해서는 안 된다고 생각합니다. 공공복지 현장의 최전방 읍·면사무소 및 동 주민센터는 지역 주민들과의 최접점으로 종합 복지행정을 구현하고, 복지 전달 체계의 끝으로 지역 주민들이 복지서비스 및 복지 체감도에 매우 큰 역할을 하고 있습니다. 우리가 도움이 필요하다면 당장 우리 동네 주민센터를 찾는 것이 도청이나 시청의 문턱보다 훨씬 쉽고 편한 길이며, 그 주민센터 사회복지 전담공무원과의 상담으로 대한민국 복지 체감도는 어떠한지 평가하게 될 것입니다.

이제 저의 이야기를 시작해 보려 합니다. 제가 사회복지전담공무원을 꿈꾸고 도전하게 된 이야기, 제주의 희망배달부로서 제가 만났던 우리 이웃들의 이야기, 우리 사회의 희망 공공사회복지에 관한 이야기를 여러분과 나누고자 합니다. 저는 현재도 인생의 변곡선이 반복되고 있지만 희망을 잃지 않으며, 미래를 향해 조금씩 나아가기 위해 노력하는 사람입니다. 이 책도 그 노력의 결과물 중 하나입니다. 독자 여러분들이 제 책을 읽으면서 희망과 아직 우리 사회의 남아 있는 따뜻함을 느낄 수 있다면 저는 더없이 행복할 것입니다.

이 책이 나오기까지 함께해 준 출판사 미다스북스 관계자 여러분, 사회복지전담공무원 우리 동기들, 제주특별자치도청 복지가족국 강인철 국장님, 제주특별자치도청 복지정책과 이혜란 과장님, 제주시 전 복지위생국 강성우 국장님, 제주시 복지위생국 김미숙 국장님 등 사회복지전담공무원 선·후배님들, 고맙고 존경합니다. 그리고 기쁠 때나 슬플 때나 함께하며 응원해 주는 나의 아내에게 감사의 인사와 사랑한다는 말을 꼭 전하고 싶습니다. 더불어 뇌경색 후유증으로 소통에 어려움을 겪고 계시는 우리 아버지… 너무 늦게 효도하려고 해서 죄송합니다. 사랑합니다 아버지. 아버지 곁에 계신 어머니에게도 사랑하고 존경한다는 말을 전합니다.

이제 제가 사회복지전담공무원의 삶, 제주의 희망 배달부로 살아가며 만났던 우리네 이웃들과 희망의 이야기를 시작하겠습니다.

1장

불평불만 가득한 아이의
터닝 포인트

부모님은 늦둥이로 저를 낳았습니다. 아버지가 1944년생, 어머니가 1948년생이며 저는 1987년에 태어났습니다. 그러니 아버지가 44살, 어머니 나이 40살에 나를 낳은 것입니다. 친형제로 12살 위 형이 한 명 있습니다. 12년 만에 부모님 곁에 찾아온 저를 위해, 부모님은 부모의 역할에 최선을 다했습니다. 부모가 부모의 역할을 하는 것이 당연한 일이라고 생각할 수 있습니다. 하지만 사회복지전담공무원으로 11년 넘게 일하며 대한민국 사회의 햇볕이 비치지 않는 그늘을 수없이 목격했던 저는, 어느 순간 부모의 역할을 충실히 수행한다는 것이 매우 어려운 일이라는 것을 깨닫게 되었습니다. 저에게는 한없이 인자하고 자애로웠던 부모님, 고맙습니다.

부모님에 대한 감사의 인사가 너무 늦었기에 죄송하다는 마음이 먼저 앞서고 있습니다. 친어머니는 1년간 폐암 투병을 겪은 끝에 저와 같은 하늘 아래 계시지 않게 돼서야 비로소 어머니의 마음을 알게 되었습니다. 아버지는 3년 전 2021년 3월 발병한 뇌경색 후유증으로 현재 우측 편마비 및 의사소통에 어려움이 있습니다. 부모님이 소천 또는 편찮으시고 나서야 뒤늦게 부모님의 마음을 이해하게 된 저를 부모님께서 용서해 주셨으면 좋겠습니다. 아버지를 돌봐 주고 계신 이복어머니와 우리 형제들에게도 감사의 마음을 전합니다.

나의 아버지는 20살의 나이에 결혼하였고, 60년대 경제적으로 힘들었던 대한민국을 떠나 20대 중반의 나이에 일본으로 가족들의 생계를 책임지기 위해 밀항을 했습니다. 지금으로 이야기하면 불법 이민자의 삶을 택한 것이었습니다. 1960년대 경제 선진국 일본에서 10년만 일하면 빚도 갚고 가족들을 먹여 살릴 수 있다는 희망으로 신발 공장 등 힘들고 어려운 일을 하며 아버님은 타국 생황을 버티셨습니다. 1960년대 섬이라는 특수한 지역적 특성으로 산업화·경제화 추진이 힘들었던 제주에는 아버지처럼 일본으로 생계를 해결하기 위해 가는 분들이 많았다고 합니다. 그리고 그 많은 사람 중 여자의 몸으로 일본으로 건너간 저의 친어머니가 있었습니다.

그렇게 아버지와 어머니는 누군가는 해야 하지만 누구라도 내키지 않는 그런 일들을 타국 일본에서 10년 동안 묵묵히 해냈습니다. 그리고 아버지는 여기서 나의 친어머니를 만나 형을 낳았으며 형이 5살 되던 해 어머니와 형과 함께 제주로 귀국하였습니다. 아버지는 자녀 중 가장 나이가 어린 나를 보살피기 위해, 늘 든든한 아빠의 역할을 해 주셨습니다. 마치 아버지는 산과 같았습니다. 든든한 산과 같더라는 의미도 있겠지만, 산이 깊으면 골도 깊다는 의미도 있습니다. 아버지는 경제적 활동에는 관심이 덜 했고 어머니가 구멍가게를 운영하면서 가정의 생계를 이어왔습니다.

지금까지의 저의 성장 이야기를 읽어 보시면, 독자분들은 제가 어렵게 살았다 또는 마음고생이 있었겠다는 느낌을 받았을 것입니다. 맞습니다. 지금까지의 인생 중 가장 후회스러웠던 시절, 10대의 중·고등학교 시절 저 자신을 그렇게 평가했습니다. 남들과는 다른 삶을 살아가는 것이 아닌, 틀린 삶을 살아가고 있다는 자책감 속에서 살아갔습니다. 자그마한 노력조차 하지 않았으며 꿈을 꾸지 않고, 나의 인생을 방관하였습니다. 담배 또는 술을 하는 비행 청소년은 아니었지만, 아무런 꿈도 없이 내팽개쳐진 나의 인생은 삶의 유기였습니다. 나는 머리는 성장했지만, 마음은 성장하지 않았고 나의 가정환경을 타인과 끊임없이 비교하며 불평불만하는 아이에 불과했습니다. 우리 집이 조금만 더 화목했으면, 조금만 더 경제적으로 여유가 있었으면 좋겠다는 생각, 그리고 나는 남들과는 다른 삶이 아닌 틀린 삶을 살고 있다고 자책했습니다.

그렇게 불평불만 가득한 아이에서 몸만 성장한 저에게 인생이 바뀌게 되는 터닝 포인트가 찾아옵니다. 저 자신이 겪었던 이야기입니다. 어느 날, 우연히 찾아왔던 저의 인생을 송두리째 바꾸었던 이야기를 이제 시작하겠습니다.

1장

수술대 위에서
꿈꾼 희망

    2008년 1월 2일, 22살의 김완필은 서울의 모 대학병원 심장센터 수술실에서 시술을 받기 위해 수술대에 누워 있습니다. 21살 7월에 입대했던 군인 김완필이 환자가 되어 그곳에 있었습니다.

    20살 제주대학교 사회과학 학과군에 진학했습니다. 1학년에는 사회과학 학과군(행정학과, 정치외교학과, 언론홍보학과)으로 운영되었기에 행정학과 생활을 조금이라도 해보고 입대하고자 2학년 1학기가 끝난 후 2007년 7월 23일 논산훈련소로 입소했습니다. 무척이나 더웠던 여름의 훈련을 끝내고 방공포병으로 주특기를 부여받아 강원도 홍천에 있는 부대로 배치받았습니다. 전입 후 몇 달 동안 훈련으로 정신이 없었고 건강도 나빠지고 있었습니다. 육군 춘천병원에 가서 진찰받아도 원인은 알 수 없었고 명확한 진단도 받을 수 없었습니다. 병명을 알 수 없었기에 적절한 치료도 받을 수 없어 나는 답답했고 점점 지쳐만 갔습니다. 중대장님은 저를 마지막으로 국군수도병원에서 진료받을 수 있게 배려해 주셨습니다. 국군수도병원은 민간의료기관에 비유하자면 상급종합병원에 해당하는 곳으로 마지막 희망을 품고 그곳으로 찾아갔습니다. 저는 먼저 평상시에는 이상 없었지만 달리기만 하면 유독 힘들어했던 증상의 원인을 찾기 위해 호흡기내과에서 진찰받았고, 군의관님은 내 가슴에 청진기를 대 보더니 나에게 심장내과를 가 보라는 말을 했습니다.

내가 왜 갑자기 심장이냐 물었습니다. 군의관님은 청진기로 진찰 시, 호흡이 안 좋았고 이는 폐에 문제가 있는 게 아니라 심장내과에 가서 정밀 검사를 받아 봐야 알겠지만, 심장에 문제가(청진시 새는 소리가 들린다는 표현) 있는 것으로 판단된다고 말했습니다. 심장내과에 가니 같은 소견을 받았고 나에게 정밀 검사를 하자고 했습니다. 정밀 검사 결과 제가 진단받은 병명은 '심방중격결손'이었습니다. 인간의 심장을 구성하는 두 개의 심방, 좌심방과 우심방 사이에 결손(자그마한 구멍)이 생겨 혈류가 순환하지 못하는 상황이었습니다. 국군수도병원 심장내과 군의관님은 왜 사회에서 병원에 가 보지 않았냐고 물었습니다. 이런 진단을 입대 전 받았다면 사회복무요원 또는 군 면제를 받았을 것이라 했습니다. 그리고 그 당시 군 병원에서의 치료 방법은 가슴을 열어야 하는 개흉술만 가능하다고 했습니다. 나는 매우 혼란스러웠습니다. 마지막으로 지푸라기도 잡는 심정에 국군수도병원까지 외진을 와서 다행히 나의 병명을 알게 되었습니다. 하지만 집안이 화목하지 않았고 경제적으로도 어려웠던 나의 삶에서, 내 유일한 버팀목이었던 나의 건강이 21살에 무너져 내렸습니다.

저는 휴가를 내어 서울 모 대학병원 심장혈관센터 소아심장과 전문의 선생님에게 진료받았습니다. 여러 가지 검사를 통한 결과는 수치가 안 좋아 당장 치료가 필요한 상황은 맞고 다행히 가슴은 여는 개흉술이 아닌 허벅지에 자그마한 구멍을 내고 가는 관을 삽입하여 심장 사이에 구멍을 막는 시술이 가능하다는 안내를 받았습니다. 그리고 우리 가족은 상의 끝에 후유증이 덜 남는 중재적 시술을 선택하며 저는 2007년 12월 31일 늦은 오후 병원에 입원했습니다. 시술이기에 저는 하반신 마취만 하였으며, 그 과정이 지금도 또렷이 기억납니다. 하반신에는 느낌이 없었지만 매우 가는 관이 저의 양쪽 허벅지에 들어와, 심장에서 어떠한 일이 일어나고 있다는 느낌이 들었습니다. 숨이 가빠왔고 불안이 엄습해 왔으며 심장은 두근두근했습니다.

시술은 다행히 잘 끝났습니다. 1월 2일 시술을 받고, 1월 4일 퇴원을 했습니다. 휴일이 있어 4박 5일 동안 병원에 있었습니다. 가슴을 여는 개흉술에 비해 제가 받았던 중재적 시술은 상대적으로 후유증이 적다는 장점이 있었지만, 시술이 끝난 후 나의 양쪽 허벅지는 피멍이 들었고 며칠 동안 휠체어와 목발 신세를 지게 되었습니다. 상당한 시간이 흐른 후에는 걷거나 뛸 수 있었고, 지금은 주기적으로 받는 정기 검진에서 이상을 발견하지 못하고 있을 정도로 건강한 심장을 가지고 있습니다. 저는 진단을 받고 시술을 받으러 입원하기 전까지 내 삶의 모든 것을 잃었다고 생각했습니다. 심지어 극단적인 생각을 했습니다. 앞으로의 내 삶은 없었습니다. 세상 모든 비극이 나에게 왔으며 나는 큰 벌을 받고 있다고 생각했습니다. 가족의 품에서 이런 일을 겪어도 쉬운 일은 아닌 경우였으니, 군대에서 겪은 저는 당시 상실감과 좌절감이 매우 컸습니다. 다행히도 군대라는 공간에서도 간부들과 선후임들은 나를 가족처럼 걱정해 주었지만, 그런 이야기는 귀에 들어오지 않았습니다.

극단적인 선택까지 생각하고 세상 모든 비극을 혼자서 짊어지려 했던 저의 인생은 4박 5일의 입원 생활로 바뀌었습니다. 제가 입원했던 병원은 매우 규모가 컸고, 심장 관련 세부 전공이 별도로 존재하여, 병실에는 수술을 앞둔 소아심장과 환자들이 있었습니다. 정확히 표현하면 병실에는 저를 제외하고, 소아심장과 환아들과 그 아이들의 부모님들만 계셨습니다. 입원하는 동안 병실을 천천히 살펴보니 성인 환자는 저만 있었고 많은 환아들이 눈에 들어왔습니다. 선천성 심장 질환이 영아기에 발견되고 그 경중이 심각하여 치료를 위해 입원 중인 아이들입니다.

아직 말도 못하여 옹알이로 표현을 대신하는 아기, 걸음마도 아직 못 떼고 배밀이를 하는 아기, 그런 아기들을 업고 병상에 눕히며 간호하는 부모님들의 소리 없는 울음이 저의 귀에 들려왔습니다. 그리고 문득 한 생각이 들었습니다. 나는 왜 내가 처한 상황을 스스로 부정적으로 봤을까, 나는 왜 나 자신을 하염없이 비극의 절벽 끝으로 몰아세웠나, 세상에는 이렇게 나보다 훨씬 더 어려운 상황에 놓여 있는 이들도 많고, 그들도 희망을 포기하지 않고 있는데 말입니다. 저는 눈물을 삼키며 반성했습니다. '나보다 더 어려운 이들도 있는데 나는 세상을 치열하게 살아가는 노력을 단 하루라도 해 본 적이 있는가?'라는 질문에 저는 아무런

답도 할 수 없었기 때문입니다.

그리고 저 자신을 돌아보며, 하늘에 기도했습니다. 만약 제가 시술이 성공하여 건강한 몸을 가지게 된다면, 다시 태어났다는 마음가짐으로 새로운 인생을 살겠다고 기도를 드렸습니다. **저처럼 혹은 저보다 더 어렵게 살아가는 이들에게 포기하지 않고 긍정적으로 노력한다면 그들의 소중한 꿈을 이룰 수 있다는 것을, 저는 보여주고 싶다고 기도했습니다. 그리고 하루하루 치열하게 노력하겠다며 약속했습니다. 나는 작지만 소중한 누군가의 희망, 나아가 세상의 희망이 되겠다고…. 그리고 제가 품었던 소중한 그 희망이 사회복지의 길, 사회복지 전담 공무원이었습니다.**

저는 이 일이 있고 나서 재신체검사를 받았고 사회복무요원 등급을 받았으나, 그 당시 현역 입대자가 사회복무요원 등급에는 보직 변경만 가능했습니다. 저는 포병에서 작전병으로 보직 이동 후 군 복무 기간을 모두 채워 현역으로 만기 전역했습니다. 군을 전역하자마자 2학년 2학기로 복학했습니다. 사회복지전담공무원 시험 응시에는 사회복지사 자격증이 필요했으며, 자격증은 제주대학교의 경우 연계전공을 통해 관련 과목 이수 후 졸업을 하면 취득이 가능했습니다. 그래서 일반 휴학을 하지 않고, 졸업과 동시에 사회복지전담공무원 시험에 합격하자는 당찬 목표와 담대한 계획을 세웠습니다.

1장
누군가의 희망이 되고 싶어 선택한 사회복지

공부에 기초가 없었던 저는, 그 당시 공무원 시험에서 가장 어려운 영어를 공부하기 위해 중학교 수준의 영어부터 차근차근 준비했습니다. 복학하고 얼마 지나지 않아 당장 서점에 가서 가장 쉬운 영문법 책을 사고 영어의 5형식 등 기초 문법과 단어 공부를 시작했습니다. 신발 사이즈의 토익 점수는 대학을 졸업할 무렵 800점에 가까운 점수를 받았습니다. 그리고 복학하는 학기를 제외한 3, 4학년 동안 장학금을 연속하여 받았습니다. 전액 장학금은 받지 못했지만 액수에 상관없이 학업 성취도가 눈에 보이기 시작하며 조금씩 공부를 바라보는 태도가 달라지기 시작했습니다. 졸업 학기에는 주 1회, 한 번 목요일 오후 4시부터 연달아서 3시간을 수강하는 과목이 신청했습니다. 그 과목을 수강하러 학교에 가는 시간 외 저는 동네 도서관에 아침 일찍 출근 도장을 찍고, 저녁 늦게 퇴근 도장을 찍는 삶을 살았습니다.

그리고 2011년 12월 대학교 4학년 사회복지전담공무원 추가 채용 시험에 응시했습니다. 사회복지전담공무원의 신속한 배치를 위해 사회복지전담공무원만을 채용하는 시험이었고, 최종 합격 전까지 사회복지사 자격증을 제출하면 응시할 수 있었기에 저도 도전했습니다. 5개월 공부한 저는 그 시험에서 꽤 높은 점수를 받았고 한 달을 들뜬 마음으로 보냈습니다. 그러나 제 점수로는 지역구분 모집으로 지원한 제주시 합격선에 도달하지 못했습니다. 그렇지만 다행히도, 이 당시의 저는 누군가의 희망이 되고자 하는 인생의 의미를 조금이나마 알게 된 어른이었기에 희망을 놓지 않았습니다.

제주대학교 행정학과 및 사회복지 연계전공 졸업 후 사회복지사 1급 자격증을 시험으로 취득하였으며(2급은 과목 이수로 취득) 공부에만 매진할 수 없는 가정 형편상, 2012년 6월 국민건강보험공단 제주지사 노인장기요양센터 인턴으로 근무를 시작하며 주경야독하였습니다. 아침 일찍 일어나 집에서 공부하고, 퇴근 후 도서관에 가는 길 버스 안에서 영어 단어를 봤습니다. 그리고 도서관이 문 닫는 시간까지 공부했습니다. 쉬운 일은 아니었지만, 희망의 끈을 놓지 않았습니다.

그리고 2012년 9월 2012년 제2회 제주특별자치도 지방직 공무원 시험에 응시하여 제주시에 지원하였습니다. 제주시는 4명 모집에 160명 지원, 필기시험 응시자는 80명으로 응시자 기준으로도 20대 1의 경쟁률을 보였고, 특히나 모집 인원이 채 5명도 되지 않는 시험이었습니다. 그리고 그 필기시험은 굉장히 어려웠습니다. 주경야독했던 저의 조건을 감안하고도 전체적인 분위기가 어려운 시험이었다는 평이 많았습니다. 필기시험 합격자 발표일 전까지 기도하며 인생의 첫 터닝 포인트를 돌아봤습니다. 꿈이 없던 제가 심장이 안 좋아 너무나 괴로워하고 세상의 끝까지 갔다고 생각했을 때, 그 경험을 통해 내가 아는 세상이 전부가 아니구나, 세상은 내가 생각한 것보다 훨씬 넓고 역경의 순간일수록 희망을 놓으면 안 된다는 것을 깨달았습니다. 그래서 여기까지 하루하루 최선을 다하며 살아왔습니다. 하늘에 그런 가르침과 깨달음을 주셔서 감사하다는 기도를 드렸습니다.

그리고 제가 사회복지전담공무원, 그것도 말단의 9급 공무원이 되는 것이 좋은 직업을 가졌다고 자랑하려는 것이 아닌, 어려운 환경에서도 포기하지 않고 노력한다면 가지고 있는 소중한 꿈이 실현될 수 있음을 보여 주고 싶었습니다. 그래서 세상의 희망이 되고 싶다는 저의 간절하고 절실한 소망을 들어달라는 기도를 했습니다. 누군가의 희망이 되겠다는 절실함이 하늘에 닿았는지 운이 좋아 4명 중 4등으로, 즉 합격선으로 필기시험에 합격했습니다. 그리고 면접까지 무사히 마치어 현재 11년 넘게 근무하고 있는 사회복지전담공무원, 제주의 희망 배달부 김완필이 존재하게 되었습니다.

내가 처한 상황보다 우리 사회에는 더 큰 어려움을 겪는 분들이 많이 있습니다. 부디 독자 여러분들도 어려움에 직면할 경우, 잠시 숨을 고른 채 세상을 넓게 보기를 부탁드리겠습니다. 불평불만 가득한 아이에서 인생의 의미를 알게 된 어른으로, 그리고 누군가의 희망이 되고 싶어 선택한 길, 그 길이 사회복지이고, 희망배달부 사회복지전담공무원입니다.

그러나 저는 곧 사회복지전담공무원의 현실을 마주하게 되었습니다. 과연 그는 사회복지전담공무원으로 어떻게 살아왔으며 어떤 일들을 겪고 누구를 만났을까요?

1장

입직 5개월, 그리고 내 책상 위 사직서

사회복지전담공무원으로 입직하여 2012년 12월 제주시 노형동주민센터에서 시작된 한 달여간의 수습 기간이 끝나고, 2013년 1월 8일 지방사회복지 서기보(지방직 사회복지 직렬 9급 공무원)로 임용되었습니다. 임용되어 발령받은 근무지는 제주시 서쪽에 있는 한림읍사무소였습니다. 어렸을 적 동네 동사무소만(현재 주민센터 또는 행정복지센터로 명칭 변경) 출입해 본 저에게 읍사무소 근무는 설렘 반, 걱정 반의 공직 생활 첫 근무였습니다.

제주특별자치도가 출범하고 2024년 5월 기준 제주의 읍·면·동은 자치행정(이·통 행정, 주민자치, 총무·예산 및 회계 등)·민원(주민등록, 인감 등)·복지(찾아가는 보건복지 포함)·환경·교통 등 종합행정을 수행합니다. 군청이 없는 제주시 및 서귀포시 읍·면 지역의 경우 농·수·축산 등 1차 산업 및 건축 인허가도 담당하는 작은 군청의 역할도 하고 있습니다. 제가 그 당시 살던 곳에서 한림읍사무소까지는 자가용으로 편도 50분 소요되었습니다. 그리고 산과 바다가 있는 읍의 지리적 특성상 봄과 가을에는 산불 대비를 위한 산불 비상근무, 여름에는 해수욕장(한림읍에는 협재해수욕장과 금능해수욕장이 지정해수욕장으로 관리) 상황실 운영 등 저를 포함한 한림읍 직원들은 묵묵히 고유 업무 외 다양한 읍 행정 업무를 수행했습니다.

성실히 근무에 임했던 신규 사회복지전담공무원 김완필은 왜 사회복지전담공무원을 그만두려 했을까요?

2013년 초 대한민국의 사회복지는 많은 변화가 있었습니다. 먼저 무상보육을 실시하여 누구나 신청만 하면 어린이집을 등원하는 영·유아에게는 보육료 지원, 유치원의 경우 유아학비가 지원되기 시작했습니다. 그리고 학교에서 신청받던 초·중·고 교육비 지원 사업(방과 후 교실 지원 등)이 학생의 낙인감 방지 등의 이유로 읍·면·동 주민센터에 신청받는 것으로 변경되었습니다. 두 가지 사업은 신청 시기가 2~3월에 집중되었습니다. 3월에 어린이집과 유치원 입소가 많기에 2월 중·하순

무상보육 신청이 몰렸으며, 신청만 하면 혜택을 받을 수 있어 업무량은 엄청났습니다. 그리고 초·중·고 교육비 지원 사업의 경우 그 당시에는 3월에만 신청할 수 있었으며(2024년 5월 기준 연중 신청 가능) 지자체에서는 생소한 사업이기에 신청 및 대상자 선정을 위한 조사 업무에서 혼란이 있었습니다.

   2013년에 이러한 업무 과중으로 전국의 사회복지전담공무원 중 몇몇이 하늘의 별이 되었던 것으로 저는 기억하고 있습니다. 과중한 업무량과 더불어 한 가지의 고민이 저에게 찾아왔습니다. 사회복지전담공무원이라는 직업의 특성상 만나게 되는 사람들이 눈에 보이기 시작했습니다. 여러분이 인생을 살아가면서 노숙인, 알코올 의존증 환자, 중증 정신질환, 교정시설 퇴소자 등을 볼 기회가 몇 번 있을까요? 그분들을 비하하려는 이야기는 절대 아닙니다. 알코올 의존증, 중증 정신질환자들도 치료를 통해 충분히 일상생활이 가능하며 노숙인, 교정시설 퇴소자도 우리 사회에 사회 구성원으로 안착하여 살아갈 수 있습니다. 우리 사회의 햇볕이 비치지 않는 그늘에 살아가는 이들에게 햇볕으로 들어갈 수 있게 해 주는 것이 사회복지전담공무원이 소명이라는 소신을 현재까지도 저는 가지고 있습니다.

그러나 앞서 말한 분들이 악성 민원으로 돌변하거나 1차 지지체계인 가족의 붕괴(지쳐 버린 가족의 마음도 이해합니다)로 대상자와의 상담과 개입이 어려운 경우 사회복지전담공무원의 소명은 소진으로 변하게 됩니다. 앞서 과중한 업무량과 함께 찾아온 사람에 대한 고민이 서서히 저를 소진해 나갔고, 30년 넘게 이 일을 유지할 수 없다는 생각을 들게 했습니다. 결국 저는 2013년 6월, 입직 5개월 만에 사표를 제출했습니다. 차석 주무관님·팀장님·부읍장님·읍장님과의 면담과 동료 직원들의 응원이 있었지만, 저의 딱딱하게 굳은 마음을 돌이킬 수는 없었습니다. 제주시청 총무과에 사표를 제출하고 신원조회 등의 기간을 고려, 의원면직까지 열흘 정도의 시간이 소요된다는 답변을 받고 사무실로 출근했습니다. 물론 총무과에서도 면담은 있었지만, 제 마음은 변하지 않았습니다.

사무실에 출근하니, 강철수 제주시청 주민생활지원과 과장님과 정상섭 계장님이 한림읍사무소까지 방문하신 상황이 눈에 들어왔고, 방문 이유가 저의 사직을 만류하기 위해서라는 말씀에 깜짝 놀랐습니다. 과장님과 계장님은 저와 점심을 먹으며 저의 고민을 경청하셨습니다. 그리고 과장님은 제주시청에 복귀할 때 총무과에 들여 제 사직서를 회수하고 본인 책상 서랍에 보관하시겠다고 했습니다. 너무 짧은 근무로 아쉽다며 사회복지전담공무원을 1년만 더 해 보고, 그때도 의원면직하겠다고 하면 주무관님의 결정을 존중하겠으며 사직서를 돌려주겠다고 했습니다. 일면식도 없던 과장님까지 나선 격려에 저의 딱딱하게 굳은 마음은 녹았습니다. 그 당시 저와 상담해 주셨던 임종찬 한림읍장님, 김범석 주무관님 등 한림읍사무소 모든 직원분들과, 저를 위해 한림읍까지 찾아와 주셨던 강철수 과장님과 정상섭 계장님, 그리고 사회복지전담 공무원 선배로 까마득한 후배를 위해 물심양면으로 나서 주셨던 오수현 팀장님과 양일경 팀장님께 진심으로 감사의 말씀을 전합니다.

그리고 저는 한림읍사소에서 1년을 근무하고, 2014년 1월 제주시 이도2동주민센터로 발령받아 임지를 옮겼습니다.

2장
희망배달부가 만났던 따뜻한 이야기

　사회복지전담공무원으로 제가 읍·면·동에서 근무하며 만났던 대상자분은 크게 4가지로 나누어 볼 수 있습니다. 첫 번째 경우는 거동이 가능하거나 거동이 가능한 동거 가구원이 있는 경우입니다. 즉 읍·면사무소 및 동 주민센터를 방문했고, 원활한 상담을 통해 사회보장제도를 신청했습니다. 추가적으로 소득·재산 조사 결과 사회보장급여 선정기준안에도 진입하여 지원을 받을 수 있었습니다. 사회복지전담공무원으로서는 보람도 있으며 다행스러운 경우입니다.

　두 번째 경우는 행정기관 방문은 가능하나 알코올 의존증, 정신질환 등이 있어 상담이 어렵고 공무원들에게 폭력을 가하는 경우입니다. 또는 생계가 어렵지만 선정 기준에 적합하지 않아 하소연하거나 불만을 품고 지원을 강요하는 경우입니다. 앞서 말씀드린 사회복지전담공무원의 소명이 소진으로 변하는 경우 중 하나입니다. 폭언, 고성방가, 반복 방문, 멱살잡이 등 세상에서 악성 민원이라고 칭하는 경우를 저도 겪어본 적이 있습니다. 심지어 몇 년 전 동료 직원이 겪은 이야기 중에는 동주민센터에 흉기를 들고 나타난 민원인이 있었다고 했으며, 선배님들은 동주민센터에서 가스총을 맞았다는 이야기도 들려주곤 했습니다.

사회복지전담공무원은 법령에 정해진 절차와 급여별 선정기준선을 준수하여 업무를 처리하고 있습니다. ○○는 아는 사람이라서 기초생활수급자에 책정하고, □□는 모르는 사람이라서 제외(신청 시 부적합)한다면 복지행정의 신뢰는 무너지고 말 것입니다. 현재 사회보장 업무는 행복e음이라는 사회보장정보시스템으로 공적 자료 등을 수합하여 처리하고 있기에 객관적이고 투명한 절차에 의해 사회보장급여 수급자로 선정됩니다. 도움이 필요한 가구가 선정 기준에 적합하지 못하여 도움을 받지 못하는 경우에 겪는 공무원의 가슴 아픈 심정도 이해 부탁드리겠습니다.

그리고 대한민국과 지자체의 사회보장제도 외 읍·면·동에서는 지역 내 취약계층을 위해 현물 또는 현금 기부를 희망하시는 기부자들에게 사회복지공동모금회를 통한 지정기탁 신청(국가나 지자체는 기부금품의 모집·사용 및 기부문화 활성화에 관한 법률에 의거 기부금품을 모집할 수 없음)을 안내합니다. 그리고 기탁된 현물 또는 현금을 배분하는 업무도 담당합니다. 후원 물품 배분에 있어 담당 공무원의 입장에서는 균등한 지원을 계획합니다. 하지만 한 번 받았던 대상자가 이사 오기 전 읍·면·동 담당자와 비교하여 섭섭함을 표하거나 본인은 다른 사람들보다 더 어려우니 더 도와줘야 한다고 주장하면 담당 공무원으로서는 매우 난감합니다.

세 번째 경우는 거동이 불편하여 행정기관 방문이 어렵고 대상자가 독거가구인 경우입니다. 다행히 세 번째 경우는 대상자와의 상담이 어렵지 않아 라포 형성(대상자의 신뢰 구축)이 가능한 경우입니다. 홀로 사는 어르신·장애인 및 거동이 불편한 장년층 1인 가구가 대표적인 경우입니다. 이런 경우는 행정에서는 발굴하기 힘든 경우입니다. 거동이 불편한 1인 가구의 경우 이웃의 제보가 없다면 그들의 겪는 경제적 어려움 등의 고충을 행정에서 파악하지 못했을 것입니다. 생활환경이 급속도로 개인화되어 가면서 공동체 의식이 약해지고 있다고 하지만, 저는 사회복지전담공무원 생활을 하는 동안 이웃들의 관심 어린 제보를 여러 번

받았습니다. 이런 제보들이 가구 방문 및 통합사례관리 등의 개입으로 연결되어, 고립 가구의 어려움을 해결할 수 있었습니다.

2023년 보건복지 통계 연보에 따르면 2022년 대한민국 기초생활보장 수급가구는 약 166만 9천 가구(전년 대비 3.8% 증가)이며, 수급자는 245만 1천 명(일반+시설, 전년 대비 9만 2천 명 증가)이라고 합니다. 2022년 대한민국 인구가 51,672,569명으로 총인구 대비 수급자 비율을 뜻하는 수급률은 약 4.7%입니다.

제주시 내 26개 읍·면·동 기초생활보장제도(이하 '기초생활보장'), 업무는 통상 담당자 1명이 담당하고 있습니다. 옛 북제주군과 제주시가 합쳐진 현재의 제주시는 도농 복합도시로 26개 읍·면·동의 인구 편차가 크고, 인구 5만 명을 넘어가는 동도 있습니다. 하지만, 기초생활보장 업무는 거의 모든 읍·면·동이 1명의 담당자가 처리하고 있습니다. 인구 3천 명의 작은 동에서는 사회복지 업무 담당자가 적고(3~4명), 기초생활보장 업무 담당자는 장애인복지, 아동복지, 영유아복지 등 다양한 업무를 병행하는 어려움이 있습니다. 그리고 인구 5만 명의 큰 동에서는 기초생활수급자수를 대한민국 수급자 비율 4%로 계산해 보면, 약 2천 명의 기초생활수급자가 존재하고 있습니다. 2천 명을 담당 공무원 1명이 관리하고, 신규 신청도 맡는다는 이야기입니다. 물론 사회보장급여의 조사 및 관리 업무는 시청에서 담당하지만 소득·재산 등 공적자료 중심의 조사·관리 업무와 주민 최접점의 읍·면·동 주민센터에서의 초기상담 및 대면 상담은 결이 다른 이야기입니다.

기존 기초생활보장수급자(이하 '기초생활수급자') 담당자가 내방 민원의 업무만 담당해도 업무량이 많았기에 가구 방문 업무를 수행하기에 어려웠습니다. 이를 보완하기 위해 새로운 팀의 필요성이 제기되기 시작했습니다. 이웃의 제보가 있을 시 복지사각지대 발굴을 위해 찾아가는 방문 상담을 추진하고, 복합적이고 다양한 욕구와 위기 상황에 봉착한 대상자에게는 통합사례관리 개입을 합니다. 그리고 지역사회보장협의체 및 관내 복지관 등과 협력하여 다양한 특화사업으로 지역 주민의 복지 체감도를 높이는 등의 업무를 담당하게 될 '찾아가는 보건복지팀'을 신설하게 되었습니다. 찾아가는 보건복지팀은 2010년대 후반부터 신설되어 2023년 현재 지역 건강 업무까지 확장하는 등 자리매김하고 있습니다. 읍·면·동 여건에 따라 복지팀이 2개(내방 민원 접수 업무 담당팀 및 찾아가는 보건복지팀) 또는 1개 팀에서 팀원이 보충되는 등 다양한 방식으로 국민의 복지 체감도를 높이기 위해 운영하고 있습니다.

저의 찾아가는 보건복지팀(舊 읍·면·동 복지허브화 사업, 맞춤형복지팀) 업무를 담당한 경력은 4년 6개월입니다(제주시 이도2동 1년, 제주시 한림읍 1년, 제주시 구좌읍 2년, 제주시 이호동 6개월). 나름대로 오랜 근무 경력을 통해 가구 방문 및 많은 대상자를 만났습니다.

제주시 구좌읍 맞춤형복지팀(찾아가는 보건복지팀)에서 근무했을 때 겪은 이야기입니다. 이장님 및 경로당 회장님의 제보로 바닷가 근처 컨테이너에 거주하시는 장년층 대상자를 뵐 수 있었습니다. 컨테이너 내부는 깨끗했지만, 버려진 창고에 간단한 살림만 가져다 놓은 상황으로 전기 안전의 문제 및 겨울을 보내기에는 열악한 상황이라고 판단되었습니다. 다행히 대상자와의 소통은 원활했고 거처가 마련되면 이사를 하고자 하는 욕구도 파악되었습니다. 팀장님과 저, 그리고 지역 내 종합사회복지관은 함께 힘을 모아 대상자를 도왔습니다. 먼저 마을에서 운영하는 임대주택 공실을 알아봤고, 다행히 입주가 가능하다는 연락을 받아 이사를 신속히 준비했습니다. 종합사회복지관과 읍 지역사회보장협의체 위원님들이 모여, 컨테이너에서 대상자의 짐들을 정리하고 임대주택으로 옮기는 데 함께했습니다. 깨끗한 곳에서 새로운 삶을 기대하는 대상자의 표정을 지금도 잊을 수가 없습니다.

 그 외, 찾아가서 가끔 말벗만 해 드려도 너무나 고마워하셨던 홀로 사는 할머니, 사별 후 홀로 발달장애 아이를 키우게 된 발달장애의 어머니에게 자녀 돌봄 관련 장애인활동지원을 연계했던 이야기 등 다양한 사례들이 생각납니다. 대상자의 집을 직접 찾아가고 다수의 상담을 통해 라포 형성을 하는 등, 질적으로 고된 업무였기에 더욱 보람된 경험으로 기억합니다. 도움이 필요한 상황에서도 거동 불편 등의 이유로 행정기관의 문턱을 넘지 못했던 이들에게, 이웃이 그들의 상황을 제보하여 제가 찾아가 도움을 주었다는 점에서 우리 사회의 따뜻한 선순환에 함께했다는 자부심이 있습니다.

 자 이제, 사회복지전담공무원으로 제가 만났던 사례 중, 마지막 4번째 경우입니다. 여러 가지 이유로 행정기관 방문이 어렵지만 대상자와의 소통이 어려우며 개입이 어려운 경우입니다. 지역 사회와의 교류에 마음의 문을 닫고 사는 경우 또는 여러 가지 상항과 이유로 대상자를 사회 안착 또는 자립·자활이라는 결과로 이끌어 내기에 힘든 경우입니다.

전자의 경우에는 은둔형 외톨이가 대표적인 예입니다. 이웃의 제보로 가구 방문을 하더라도 대상자를 만나기 쉽지 않으며 상담 자체가 불가능에 가까운 경우입니다. 세 번째 경우보다 몇 배에 달하는 가구 방문을 시도하고 라포 형성에 힘을 써야 하기에 많은 시간과 노력을 요구합니다.

제가 관심을 가졌던 사례는 은둔형 외톨이면서 남자를 경계하는 홀로 사는 여성분의 사례입니다. 타 지역에 거주하다가 제주에 이사 온 지 얼마 안 되었고 거주하는 집은 고향에 계신 아버지가 전세를 구해준 아파트였습니다. 대상자는 제주에 오고 얼마 지나지 않아 남자 친구를 사귀었고 사실혼으로 제주에 정착할 생각으로 아파트도 구했지만 남자 친구는 어느 날, 떠나버리고 말았습니다. 전세로 살고 있는 아파트 때문에 기초생활수급자로 진입하지는 못했지만, 실질적인 욕구와 위기 상황은 경제적 위기보다 정서적 지지였습니다. 아버지의 우려대로 대상자는 폭식과 무기력증으로 체중 증가와 거주 환경이 청결하지 못한 상황이었습니다. 그러나 앞서 말씀드린 대상자 특성상, 남자 직원과 동행 방문이 불가했으므로, 종합사회복지관 여직원의 도움을 받아 개입했었습니다. 다행히 여직원의 진심을 다한 노력으로 대상자와의 라포 형성에 성공,

저도 혼자서 유선 상담을 할 수 있게 되고 대상자도 바깥으로 천천히 나오는 등 긍정적인 결과를 낳았던 것으로 기억하고 있습니다.

후자의 경우에는 알코올 의존 및 대상자가 과거에 겪었던 부정적인 경험이 쌓여 긍정적인 결과로 끌어내기에 어려운 경우를 예로 들 수 있습니다. ㅁㅁ라는 알코올 의존의 대상자가 있었습니다. 가구 방문 시 술병들이 쌓여 있고 집안은 지저분한 상황이었습니다. 집에서 온종일 술만 드시는 분으로 읍사무소에는 방문하지 않아 행정에서 파악하기 힘들었던 경우로 이 사무장님이 제보해 가구 방문을 했습니다. 그러나 상담을 시도하면 대상자가 술에 취해 있어 소통이 어려웠습니다. 다행히 대상자가 술을 먹지 않았을 때는 온순한 성격이었고, 제주도내 형님이 살고 계시어 반찬 제공 및 안부 확인은 가능한 상황이었습니다. 하지만 금주가 힘들기에 근로활동 등 자립 또는 자활이 힘든 경우였습니다. 사례관리사업비를 집행하여 싱크대 공사 등 주거환경 개선을 제공했습니다. 다행히 형님이라는 지지체계가 있어 사회복지전담공무원의 상담과 개입이 일정 부분은 효과를 거둔 사례였습니다. 하지만 지지체계 없이 알코올에 의지하며 지내시는 분 들 중에는 주거환경을 개선해도, 몇 달 뒤 모니터링을 해 보면 많은 술병이 집안 곳곳에 그대로 쌓여 있는 상황이

목격되는 경우가 있습니다. 그런 상황을 보면 허탈함과 공허함이 몰려옵니다.

그리고 제주에는 고령의 어르신들 중 4·3 사건의 아픔을 가진 분들이 계십니다. 저장강박증으로 제보받아 방문했을 때 거주하시는 단독주택 1층부터 2층까지 겨우 한 사람 출입이 가능할 정도로 고물들을 모아 지내시는 할머니가 4·3 사건의 아픔을 가지고 계셨습니다. 할머니는 4·3 사건으로 가족을 잃고 80대 중반의 연세까지 홀로 살아오시며, 마음의 상처가 가득한 분이었습니다. 아마 저장강박증도 그런 상처들에 원인이 있지 않았을까 조심스럽게 생각해 봅니다. 할머니는 4·3 사건의 트라우마로 행정기관 방문을 매우 두려워했고, 정상적인 의사소통에서도 행정기관에서 방문한 공무원이라는 말에 대화를 중단하실 정도였습니다. 할머니는 행정기관에 대한 불신이 강하여 서비스 개입을 원하시지 않았고, 그래서 개입하는 동안 무척 애를 먹었습니다. 다행히 할머니 집 근처에 종합사회복지관이 있었고, 복지관 직원의 이야기에는 할머니가 긍정적으로 반응하셨습니다.

일단 먼저 집 앞까지 놓여 있어 통행에 불편을 주고 있는 물건들 처리에는 할머니가 동의하셨습니다. 할머니의 집 앞은 깨끗해졌습니다. 할머니는 팀장님과 저에 대한 경계심을 조금씩 거두셨지만, 공무원이라는 우리의 일에 마음을 완전히 거두시지는 않았습니다. 그래서 한가지 묘안을 생각했습니다. 행정에서 물품 등의 지원이 가능한 경우여도 할머니가 지원을 거부하실 수 있기에 물품 지원 시, 종합사회복지관을 통하는 방법을 생각했습니다. 그리고 종합사회복지관 직원에게 할머니의 정기적인 안부 확인 및 물품 전달을 부탁드렸습니다. 할머니가 겪으셨던 4·3건의 아픔을 감히 짐작할 수도 없는 크나큰 상처였을 것입니다. 알코올 의존증의 대상자 또는 할머니처럼 정신보건 측면에서의 상담이 필요한 상자 등 가구 방문 특수 상담에서는 저를 포함한 사회복지전담공무원이 많은 어려움과 아쉬움이 있으며(특수 상담을 잘할 수 있었다면 대상자에게 더 효과적인 개입이 가능했을 것인데 라는) 공공사회복지 관련 직무 교육에서 반드시 강화해 나갈 필요가 있다고 생각합니다.

사회복지전담공무원은 70% 가까운 직원이 여직원이라는 직렬의 특징이 있습니다. 저만 하더라도 서귀포시와 합치어 7명의 동기 중 남자 직원은 저 혼자였습니다. 이렇게 여직원이 많은 사회복지전담공무원이 하게 되는 업무 중 하나가 바로 방문 상담입니다. 사회복지전담공무원으로 제가 만났던 대상자를 크게 4가지로 구분하며 설명을 드렸으며, 그중 세 번째와 네 번째 경우가 가구 방문(방문상담)의 카테고리입니다. 대상자의 성추행, 폭력 등에 노출되기 쉽기에 여직원 혼자 가구 방문하기는 매우 어렵고 조심스러운 일입니다. 대소변을 가리기 힘든 홀로 사는 치매 어르신을 방문했던 경험, 알코올 의존증으로 한여름에도 겨울 이불 하나로 지내어 술 냄새와 악취가 집안에 가득 찼던 가구 방문의 제 경험을 떠올려 보자면 여직원 혼자 감당하기에는 가구 방문이 굉장히 힘든 일이라 생각됩니다.

그렇기에 가구 방문을 2인 1조로 편성하여 추진하고 있지만 대상자의 범주 및 특징이 광범위하기에(노인 · 장애인 · 중장년층 1인 가구 · 한부모가구 · 조손가구 또는 중증 정신질환자 · 교정시설 출소자 · 알코올 의존증 등) 가구 방문은 부담이 많은 업무입니다. 특히 지방직 공무원의 특징으로 일반 행정직렬의 동료들이 사회복지 업무를 맡게 되는 일도 있으며, 사회복지전담공무원도 정신보건 관련하여 전문성 있는 교육을 받은 경우는 거의 없기에(상담 관련 석사 학위 이상 취득자 등) 특수 상담에 어려움이 많습니다. 다행히 제가 입직했을 시기보다, 공공사회복지 관련 특수 상담 등 직무 교육의 기회는 자주 주어지고 있습니다.

직무 교육을 통해 대상자에게 효과적으로 개입하고 대상자의 삶의 질을 높일 수 있다면, 내방 민원 상담 또는 가구 방문 상담에 있어 직원들을 보호할 수 있는 안전 체계를 구축하여 직원들 근무 환경의 질도 높아졌으면 하는 바람입니다. 사회복지전담공무원들의 겪는 고충도 상당하기 때문입니다. 방문 상담을 전담으로 하는 팀에서는 특수한 대상자의 상담과 성폭력 노출 등 가구 방문이 어렵다. 그리고 창구 민원을 주된 업무로 하는 팀에서는 급여별 선정 기준선 초과로 복지대상자 부적합에 불만을 품고 폭력·폭언을 일삼는 악성 민원 또는 반복 민원을 제기하는 경우에 있어 신체적·정신적 피해를 호소하는 경우가 있습니다.

사회보장급여 지원 대상자의 경우는 굉장히 다양합니다.
그리고 사회보장급여 지원의 찬·반 논쟁이 있는 경우가 있습니다. 대표적으로 저도 여러 번 만나 봤던 교정시설 출소자의 경우입니다. 범죄에 변명은 없겠지만 생계 곤란에 처해 벌금형을 받았으나 벌금을 낼 수 없어 노역장 유치를 하는 경우 등 몇 가지의 사례에는 도움이 손길이 필요하다고 생각할 수도 있습니다. 그러나 언론을 뜨겁게 달궜던 사건들처럼 강력 범죄자의 경우에도 출소 후 조건에 적합하다면 긴급지원, 기초생활보장의 지원을 받을 수 있다는 것이 사회적 논쟁이고 사회복지전담공무원이 가지는 부담 중의 하나라고 볼 수 있습니다. 양날의 검이라고 표현할 수 있습니다. 선정 기준선에 적합하다면 이런 경우까지 지원해야 하는 회의감이 들겠지만, 선정 기준선에 부적합했다면 나에게 앙심을 품고 보복하지 않을지 하는 걱정으로 마음에 불안이 가득할 것입니다.

나름대로 10년이 넘는 사회복지 공무원 생활을 통해 교정시설 출소자 지원 취지에 있어 사회 적응을 도와 자립과 자활을 돕고, 경제적 지원을 통한 자립 기반을 마련하고자 하는 것이 아닌가 합니다. 생계 곤란을 이유로 발생할 수 있는 재범을 막기 위한 사회적 합의가 담긴 것이 아닌가 라는 생각을 해 보곤 합니다.

2장

용이 되기 위한
부지런함과 성실함

대한민국에서는 한번 가난해지면 가난에서 벗어나기 힘들다고 합니다. 대한민국은 이제 개천에서 용이 나오기 힘들다고 합니다.

그렇지만 개천에서 용, 나올 수 있습니다. 저는 용을 봤습니다.

기초생활보장 생계급여 관련 근로능력이 있는 수급권자는 소득인정액 등 선정 기준 충족 시 자활 사업 참여를 조건으로 생계급여 수급자(조건부 수급자)가 됩니다. 자활 근로 사업 종류는 2024년 기준 근로유지형, 사회서비스형, 시장진입형, 인턴·도우미형이 있습니다.

솔직히 말씀드리자면 제가 겪었던 자활 사업 성공 사례는 많지 않습니다. 시·군·구 자활 사업 부서에서 근무하지 않는 이상 말씀드린 4가지의 자활 사업 참여자를 모두 만날 수 있는 기회가 거의 없고, 읍·면·동에서는 근로유지형 또는 복지도우미형으로 참여하시는 분들을 뵐 수 있습니다.

저도 읍·면·동 근무하면서 근로유지형과 복지도우미형으로 참여하시는 분들을 뵈었습니다. 탈수급이라는 자활의 성공은 거의 기억되지 않지만 성실하게 매일 매일 출근하셨던 분들을 만날 수 있어서 작지만, 긍정적인 자활 업무의 경험이었다고 생각합니다. 제가 △△동에서 3년 그리고 재발령 받아 1년을 더해 4년을 근무하면서 뵈었던, △△동 주민센터에서 근무한 자활 사업 참여자 두 분의 이야기를 말씀드릴까 합니다. 제가 겪었던 자활 사업 성공 사례로 말씀드릴 수 있을 정도로 기억에 남는 분들입니다.

첫 번째 경우는 복지도우미로 참여하시면서 △△동 주민센터 복지행정 업무 추진에 없어서는 안 될 분으로 자리매김하셨던 여성분입니다. 오랫동안 복지도우미로 △△동 주민센터에 근무하셨고, 항상 웃는 얼굴로 직원들과 즐겁게 소통하며 직원들의 업무를 도우며 민원 응대까지 수행했으며, 9급 공무원으로 일에 서툴렀던 저의 일도 발 벗고 나서서 도와주셨습니다. 그리고 회식 자리에서 우연히 동장님 말씀으로 그분의 이야기를 듣게 되었습니다. 복지도우미 참여 종료를 앞두고 있어 동장님이 그간의 고마움을 전하는 이야기로 생각했는데, 저는 그때 가지고 있던 저의 편견을 부수고 깨뜨리게 되었습니다. 과연 개천에서 용은 나올 수 있을까, 빈곤의 덫, 개인의 문제와 사회구조적 문제로 한 번 가난해지면 계층의 사다리는 이동할 수 없다, 이제 대한민국에서 개천에서 용이 나온다는 말은 없다는 것이 그 당시 제가 가진 편견이었습니다.

동장님의 말씀은 그분의 자녀들 중(다자녀 가정이었습니다.) 고등학교 3학년 딸이 우수한 성적으로 사범대학을 장학생으로 입학한다는 이야기였습니다. 지금으로부터 9~10년 전 이야기입니다. 그 당시에는 중·고등학교 선생님이 되어 안정적인 직장을 다닐 수 있는 사범대학이 인기가 많았고, 경쟁률이 치열했습니다. 학원을 마음 놓고 다닐 수 있는 가정 형편도 아니었고, 나라면 기초생활수급자라는 낙인감에 우울해하며 지내지 않았을까 하는 생각을 했습니다. 터닝 포인트 전, 과거의 나라면 말입니다.

그런데 그분의 자녀는 달랐습니다. 어려운 가정 형편에서도 꽃을 피우고 개천에서 용이 나왔습니다.

물론 학업 성취도와 계층의 사다리 이동으로만 평가하는 것은 아닙니다. 소식이 있기 전에도 이웃분들이 주민센터에서 찾아와서, 복지도우미분과 나누는 이야기를 들어보면 자녀들의 심성이 착하다는 말들을 자주 하곤 했습니다. 그래서 따님이 우수한 성적으로 사범대학을 장학생으로 입학한다는 접하기 전에도, 나는 기초생활수급자라는 것을 부끄러워하지 않고 당당하게 열심히 살아가시는 어머니에게서, 자녀들이 정신적으로 건강하고 자존감 높게 자란 거 같다, 바르게 성장한 거 같다는 생각이 들었습니다.

그분을 보고, 따님의 이야기를 듣고 개천에서 용이 나올 수 있다고 생각하게 되었습니다. 물론 누구나 용이 될 수는 없습니다. 그렇기에 저에게 더욱 값진 기억입니다. 그분에게 제가 따님이 사회 구성원으로서 올바르게 앞으로도 살아가면 좋겠다는 격려와 응원의 메시지도 보냈습니다. 돌이켜 보면 그분과의 기억은 10년이 다 되어 가고 있습니다. 제가 지금도 기억하는 것을 보면, 그 기억이 너무나 인상 깊었던 것 같습니다. 저의 편견과 부정적인 고정관념을 부순 기억이기 때문입니다. 저도 많이 배울 수 있었습니다. 더 긍정적인 마음으로 최선을 다하여 노력한다면 꿈과 희망을 이룰 수 있다는 저와 같은 생각을 가진 분이 세상에 계셨고, 아니 오히려 제가 더 많이 배우고 노력해야 한다는 것을 깨우쳤습니다.

두 번째 경우는 근로유지형 사업으로 △△동 주민센터 환경정비에 참여하시는 베트남에서 오신 여성분입니다. 한국말이 조금은 서툴렀지만, 주민센터 화장실 청소 등 궂은 일을 맡아 아침 일찍 출근하여 깨끗한 주민센터 만들기에 웃는 모습으로 앞장서는 분이었습니다. 타국에 와서 적응하는 일은 쉬운 일이 아닐 것입니다. 동아시아권 문화의 일본 또는 중국에서 오신 분들도 한국 문화에 적응하고, 거기에 생계를 해결하는 일자리까지 찾는다는 것은 굉장히 어려운 이야기입니다. 베트남에서 오신 여성분은 한국 남자와 혼인하여 아이를 낳았습니다. 남편분이 건강이 악화되어 생계 곤란을 겪었고 한국인 자녀가 있었기에 기초생활수급자에 신청 및 책정되어, 여성분은 조건부 수급자로 자활 사업에 참여하고 있었습니다.

1장에서 저의 어머니와 아버지 이야기를 말씀드렸습니다. 저의 부모님도 1960년대 세 끼 걱정하던 대한민국 제주를 떠나 돈을 벌기 위해 일본이라는 타국으로 향했고, 누군가는 해야 하지만 누구도 하지 않는 힘든 그런 일들을 묵묵히 참고 견디며 해내셨습니다. 베트남에서 오신 여성분이 자활 사업에 참여하신 이야기는 지금으로부터 8년 전입니다. 이제는 대한민국 사회가 동·서양을 망라한 다문화 정서 관련 조금 더 융화 적이고 포용적으로 변화했다고 생각합니다만, 그 당시 대한민국에서는 개발도상국에서 온 이민자들을 이민자이기에 앞서 이방인으로 대하는 사회적 괴리감이 조금은 있지 않았나 저 스스로 돌이켜 보고 있습니다. 개발도상국에서 왔다는 본인의 국적에서 오는 조용한 편견과 기초생활수급자라는 따가운 편견을 극복하고, 늘 웃는 모습으로 최선을 다해 근무하는 모습이 인상적이었습니다. 과연 나라면 어땠을까…. 1960년대 일본으로 가서 일본인 여자를 만나 일본인 자녀를 낳았고, 일본인 아내가 건강이 안 좋아 일본의 사회복지제도를 신청하여 자활 사업에 참여, 일본 관공서의 화장실 청소, 주변 쓰레기를 줍는 일들을 하고 있다면 나의 자존감은 어땠을까 생각합니다.

자존심은 타인이 나를 바라보는 시각과 존경, 자존감은 내가 나를 바라보는 시각과 존중이라고 생각합니다. 자존심보다 자존감이 높은 사람이 정신적으로 더 건강하다고 알고 있습니다. 내가 나를 아끼는 것이, 어떠한 상황에서도 흔들리지 않는 나 자신을 만들 것입니다. 그 베트남 여성분에게 자존감이 무엇인지 배웠습니다. 환경을 탓하지 않고 내가 하는 일에 귀천이 없다는 마음가짐으로, 궂은일에도 미소를 띠며 적극적으로 최선을 다하는 행동에서 자존감을 배웠습니다.

각자 좋아하시는 음식들이 있지요? 맛있는 음식을 먹는 것은 큰 즐거움입니다. 그리고 그 즐거움을 통해 인생을 추억할 수 있는 음식들도 있을 것입니다. 제가 좋아하는 음식 중 하나는 닭강정이 있습니다. 닭강정을 무척이나 좋아합니다. △△동 주민센터에서 근무할 시기 야근을 끝내고 퇴근하면서 근처 닭강정 집에 들러, 닭강정을 사서 저녁으로 먹는 것이 야근으로 피곤한 몸이지만 하루를 소소하고 즐겁게 마무리할 수 있었던 저의 추억으로 생각이 납니다. 몇 개월 전 그 닭강정 집을 우연히 들렸습니다. 닭강정 집은 여전히 그곳에 있었습니다. 주인아주머니에게 닭강정을 주문하는데, 뒤에서 낯익은 얼굴이 보였습니다. 바로 △△동 주민센터에서 근무했던 그 베트남 여성분이었습니다. 반가운 마음에 웃으며 인사를 나누었습니다. 웃음에는 아는 사람을 만났다는 반가움도 있었습니다만, 더하자면 자활 사업 참여 종료 후에도 열심히 살아가는 모습에 더욱 기분 좋은 웃음이 나왔습니다.

　닭강정 집에서 일하는 것이 쉬운 일이 아니었을 것입니다. 그럼에도 그분은 여전히 밝게 웃으며 일을 하고 있었습니다. 찰나의 순간에도 과거의 그 밝은 기운을 느꼈습니다. 그분은 8년 전 과거에도 열심히 살았고, 8년이 지난 현재에도 열심히 살고 있습니다. 저와 상담했던 조건부 수급자의 삶에서 부지런함과 성실함이 보여 저는 뿌듯했습니다. 그리고 그 부지런함과 성실함이 시간이 흘러도 남아 있는 모습을 보고 있으니 너무나 기분이 좋았습니다. 즐거운 마음으로 닭강정을 사며, 집으로 돌아오는 길이 한결 가벼워졌습니다.

2장
관심이라는 희망의 씨앗

    2019년 〈조커〉라는 영화가 개봉했었습니다. 호아킨 피닉스가 주연을 맡아 열연을 펼쳤고 제76회 베니스 국제 영화제 황금사자상을 수상했습니다. 영화의 배경은 '고담시'라는 도시입니다. 현실의 미국 뉴욕시 브롱스 지방에서 모티브를 따왔습니다. 우리가 생각하는 멋진 야경은 뉴욕의 맨해튼이고, 강을 건너 북쪽에 위치한 지방이 브롱스입니다. 이 영화의 유명한 장면 중 하나가 포스터로 사용된 주인공 조커(아서플랙)가 광대 분장을 마치고 붉은 정장을 입은 후, 항상 힘들게 오가던 계단을 과장된 동작으로 춤을 추면서 걸어 내려가는 장면이 있습니다. 뉴욕은 남쪽이 월스트리트가 있는 평탄한 지형이고, 북쪽 브롱스로 올라갈수록 계단이 많은 산동네입니다. 계단이라는 오브제를 통하여 조커가 고담시에서 차지하는 사회적 계층이 어떠한지 보여주고 있습니다.

아서 플랙은 광대이자 코미디언을 꿈꾸는 남자입니다. 비록 아이들에게 즐거움을 주는 광대 일에 만족하지만, 가끔 펍에 들러 스탠딩 코미디를 진행하는 코미디언의 농담이나 관중들의 웃음 포인트를 열심히 노트에 적으며 유명한 스탠딩 코미디언을 꿈꾸기도 합니다. 한편, 자신을 괴롭히는 정신질환 때문에 고통을 겪고 있지만, 이를 자신의 의지와 노력으로 이겨 내며 최대한 평범하게 살아가려고 노력하는 인물이기도 합니다. 그러나 우발적 살인을 겪고, 코미디언으로 성공하고 싶어 하고 일상적인 삶을 유지하려던 노력이 계속되는 좌절과 믿었던 주변 인물들의 배신, 사람을 존중하지 않는 사회에 배신당하고 맙니다. 결국 마지막에는 자신을 지탱하던 믿음과 희망조차 무너지며, 결국 정신적으로나 외적으로나 처참히 망가지고 악인, 조커로 변하게 됩니다.

사실 아서 플랙은 어린 시절부터 어머니로부터의 극심한 아동 학대와 후천적 정신질환에 시달려 오면서 심각한 PTSD(대표적으로 고통스러운 상황에서 주로 발생하거나 본인의 존재와 현실의 괴리감을 느낄 때 나오는 웃음 : 실조증)를 앓았고, 제대로 된 인간관계도 맺지 못하는 등 사회성도 부족한 모습으로 묘사됩니다. 즉 2019년 개봉한 〈조커〉라는 영화는 아서 플랙이라는 평범한 삶을 위해 노력하고, 유명 코미디언이라는 꿈도 가지고 있는 빈곤한 정신질환자가 왜 악인이 되었는지, 그리고 그 원인을 가정과 사회의 버림에서 찾을 수 있다는 것을 보여 주고 있습니다.

물론 악인에게 스토리를 부여하자는 이야기는 아닙니다. 아서 플랙이 악인 조커로 변하고 나서 행하는 범죄에는 변명의 여지가 없습니다. 영화가 아닌 현실에서도 본인의 과거 어린 시절 아동학대를 당했다고 하여, 한 아이의 부모가 되고 나서 아동학대를 범한다면 이것은 변명의 여지가 없는 범죄입니다. 어린 시절을 불우하게 보냈던 사람들 모두가 그 불우함을 다른 사람 또는 사회에 전이시키지 않습니다. 분명 어떤 분들은 그 상처와 화를 본인의 삶을 조금 더 긍정적으로 변화시키는 삶의 기폭제로 삼는 분도 계실 것입니다. 저도 제가 처해 있는 상황에 어렸을 적 많은 불만을 가졌지만, 터닝 포인트를 통해서 그 상황들을 다른 시각으로 바라보게 되고 삶의 목표를 가지고 노력했습니다. 공직이 대단한 직업이나 사회적 위치는 절대 아니지만, 그런 상황들이 없었다면 저는 성인이 되어서도 사회적 구성원으로서의 올바른 삶을 살아가고 있을까? 라는 의구심이 듭니다. 이렇듯 어린 시절을 불우하게 보냈던 사람들 중 어떤 분들은 분명 긍정적인 삶을 살아가고 있다는 팩트입니다. 그래서 범죄자에는 범죄에 정당성을 부여하는 스토리가 있어서는 안 된다고 생각합니다. 더불어 저는 발생한 범죄는 정당화될 수 없지만, 범죄가 발생하지 않도록 막을 수 있다 라는 생각도 가지고 있습니다. 영화의 모티브가 된 현실의 미국 뉴욕시 브롱스 지방은 19세기 이전에는 주로 농장들이 많았던 지역으로 그 후 뉴욕시 인구가 폭발하면서 20세기 초반부터 미국에 이민 온 유럽계 이주민(아일랜드계 미국인, 이탈리아계 미국인, 독일계 미국인 등 주축)들이 정착하고 살기 좋았던 지역입니다.

그런데 흑인들이 자유로운 주거 구입이 가능해지면서, 부동산 업자들이 블락버스팅(집 한 채를 흑인에게 팔고 흑인들을 일부러 고용하여 소요를 일으켜 주거 중인 백인들에게 겁을 주는 방식 : 공포감을 주는 판매법) 을 통해 백인들을 쫓아내고, 그 과정에서 백인들에게 싸게 사들인 집을 흑인들에게 비싸게 판매하여 1960년대 이후 중산층 백인이 전부 나간 브롱스는 흑인과 히스패닉 출신들의 유색인종들로 채워지기 시작합니다. 그리고 당시 맨해튼은 차로 들어오기 어려운 지역이었는데, 미국의 자동차 사용이 급격히 증가하며 차로 들어올 수 없는 지역은 상권이 무너진다는 판단 아래 브롱스를 관통하여 맨해튼으로 이어지는 고속도로를 만들게 됩니다. 이것은 앞서 말씀드린 브롱스의 유색 인종이 많이 살고 있다는 사실, 즉 백인들이 거주하지 않는다는 이야기에서 거주민들이 정치적 의견을 낼 수 없었다는 것을 추측해 볼 수 있습니다. 고속도로는 브롱스를 둘로 나뉘게 하여 동네 주민들의 소통을 불가하게 만들었고, 상권이 무너지며 집값이 하락하는 결과를 만들게 됩니다.

여기에 뉴욕에서의 사업이 다른 지역으로 빠져나가기 시작합니다. 대량 생산이 미국의 경제를 주도하기 시작하면서 큰 공장이 필요하게 되었고, 큰 공장을 지을 수 있는 부지 찾기가 어려운 뉴욕에서 생산 시설들이 뉴욕 외부로 빠져나가며 걷히는 세금이 줄어들기 시작하자 행정에서는 예산을 삭감하기 시작합니다. 예산 삭감으로 시민의 안전과 치안을 담당하는 소방관과 경찰이 줄어들었습니다. 집주인들은 집값이 더 내려가기 전에 보험금이라도 타자는 생각으로 아는 사람을 통해 방화를 저지르고, 브롱스에 있는 유색인종들이 방화범이라는 소문까지 퍼지며 뉴욕은 급격한 사회 혼란을 맞게 됩니다.

여러분들은 힙합을 아시나요? 랩, 디제잉, 그래피티, 브레이킹 댄싱으로 구성된 힙합 문화를 말합니다. 1970년대 초반 뉴욕 브롱스 남쪽 빈

민가에 거주하는 미국 흑인과 남미 히스패닉계 청소년들에 의해 형성된 새로운 문화운동을 가리키는 말이 바로 '힙합'입니다. 정식으로 1973년 8월 11일 브롱스 남부에 거주하던 자메이카계 미국인 DJ Kool Herc가 블락 파티를 연 날은 기념, 이날을 힙합의 생일이라고 부르고 있습니다. 가난한 지역에서 새로운 문화가 탄생했다는 사실, 진흙에서 연꽃이 피는 것처럼, 어둠에서도 미래를 향한 역동적인 움직임은 일어나고 있었습니다.

1990년대 미국이 호황을 누리고 뉴욕시 전체가 범죄와의 전쟁(부패 경찰 경질, 마피아 단속 등)에서 성공하기 시작하면서, 브롱스에도 문맹이던 흑인들에게 교육을 실시하고 뉴욕 경찰이 순찰을 재개하는 등 치안이 잡히기 시작합니다. 이는 깨진 유리창 이론(깨진 유리창 하나를 방치해 두면 그 지점을 중심으로 범죄가 확산되기 시작한다는 이론)의 실제 적용 사례(도시의 낙서를 지우고 경범죄의 단속 강화)로 유명한 루돌프 줄리아니 당시 뉴욕시장이 기울인 노력의 결과로 기네스북에 세계에서 가장 크게 범죄율을 감소시킨 시장으로 등재될 정도입니다.

다시 2019년 영화 〈조커〉 이야기로 돌아오겠습니다. 영화의 주인공 조커가 살고 있는 고담시의 모티브가 현실 뉴욕의 브롱시 지역이라는 이야기를 통해 고담시의 분위기를 유추할 수 있습니다. 그리고 고담시와 현실 뉴욕의 또 하나의 공통점으로 총기 사건이 있습니다. 이번 도서를 준비하면서 조승연 작가님의 유튜브 채널을 통해 알게 된 사실을 토대로 말씀드리겠습니다. 제가 매우 공감했던 작가님의 생각입니다. 미국 사람들이 총기 난사 또는 테러 등의 사건을 접할 경우, senseless violence로 치부해 버리는 경우가 많다는 것입니다. 몰지각한 폭력 또는 앞뒤가 안 맞아 도저히 이해할 수 없는 폭력이다 라고 정의 내리는 순간, 그 범행을 저지른 사람들은 원래 정신이 나간 사람들이고 그 사람들과 나는 전혀 관계가 없다며 거리감을 두고, 이성과 상식으로는 이해하지 못하여 심지어 그 이해를 포기하겠다고 합니다.

하지만 조승연 작가님[1]과 저는 우리 사회가 senseless violence를 행하여 일반적인 정신질환자를 넘어선 사회적 괴물을 이해할 수 있어야, 그런 사회적 괴물을 양산하게 되는 원인을 찾고 환경을 없앨 수 있다고 생각합니다. senseless violence는 그런 책임감을 회피하고 무관심하며 비겁한 사회적 단어이며, 2019년에 개봉한 〈조커〉라는 영화는 senseless

[1] 발췌: 조승연 작가님의 유튜브 채널 〈조승연의 탐구생활〉

violence 저지르는 사람이 화자로, senseless violence와 우리는 정말 전혀 관계없는가? 라는 물음을 던지고 있습니다. 저는 정신질환자의 범죄 포함 범죄라는 것은 정당화될 수 없지만, 정신질환자의 사회적 안착을 도와 범죄가 발생하지 않도록 막을 수 있다고 생각합니다. senseless violence로 치부하여 나와 상관없는 일 또는 막연한 정신질환자의 사회적 배척이 아닌, 사회적 괴물이 탄생한 배경과 원인을 파악해야 합니다.

그리고 이것이 사회보장이 필요한 이유라고 생각합니다. 만약 과거 브롱스의 예처럼 경찰·소방 같은 사회의 물리적 안전망과 더불어, 사회복지망이라는 사회의 심리적 안전망까지 무너진다면 그 사회 구성원들은 어떻게 살아갈까요? 실제 미국의 사회보장제도는 의료보험제도만 예시를 들더라도 한국과는 확연히 다른, 선진국이라는 명성과 달리 빈약한 구조를 띠고 있습니다. **만약 사회복지망이 하나씩 하나씩 뜯겨 나가면서 의지할 곳 없던 사람들이 사회 구성원으로서의 모습을 잃어버린다면, 그들은 사회 질서를 파괴하려는 사회적 괴물로 변해갈 것입니다. 사회의 심리적 안전망, 촘촘한 사회복지망의 확대가 대한민국에 꼭 필요합니다.**

2장
따뜻한 말 한마디와 희망

　정신건강의학과는 크게 신경증과 정신증을 치료하는 진료과입니다. 그렇다면 신경증과 정신증의 차이는 무엇일까요? 대표적인 차이점은 현실 판단력입니다. 현실 판단이란 "자기가 지금 무엇을 하는지 전부 인식하는가"를 의미합니다. 신경증은 현실 판단이 가능하며 대표적으로 우울증·양극성장애(조울증) 등 기분장애, 강박장애·공황장애 등 불안장애를 예로 들 수 있습니다. 정신증은 이성적·현실적 판단 능력이 무너지고 현실과 환상의 경계가 무너지는 것이 가장 큰 특징이며, 대표적으로 과거 정신분열증으로 칭했던 조현병을 예로 들 수 있습니다.

　사회복지 업무를 통해 만나는 다양한 사람들과, 사회의 취약계층들 중에는 신경증과 정신증의 분들도 자주 뵙게 됩니다. 물론 신경증의 경우는 취약계층 뿐만 아니라 일반적인 사회구성원들도 일생에 한 번은 겪게 되므로 드문 경우는 아닙니다. 우울증 또는 공황장애의 경우 연예인들의 이야기뿐만 아니라 나의 친구, 직장 동료, 이웃, 그리고 나 자신의 이야기까지 다수의 주제로 소통 가능한 질환입니다. 앞서 말한 신경증의 특징으로 현실 판단력이 가능하므로 현실을 인지하고 타인과의 소통이 가능하기에 정신증과 비교 시, 상대적으로 사회 정착이 쉽고 입원 치료가 많지 않으므로 우리 주변에서 쉽게 찾을 수 있는 것 같습니다.

저도 공황장애를 겪고 휴직계를 내어, 잠시 몸과 마음의 휴식을 취하는 동안 이 도서를 집필하고 있습니다. 우연히 근무를 하는 도중 숨이 막히어 질식할 것 같다는 느낌과 발이 저리는 증상이 찾아왔습니다. 화장실에 가서 숨을 돌리고 돌아와 앉아도 마우스를 잡으면 손이 저리고 가슴 통증도 있었습니다. 다행히 길어야 10~20분 정도 증상이 발현되기에 버티며 사무실을 다녔습니다. 그러나 증상이 심해지며 걷기만 해도 숨이 차고 긴장되어 일상생활이 힘들 정도가 되었습니다. 계속되는 증상에 갑상선 결절이 있어 1년에 한 번은 정기 검진을 받고 있는 저는, 혹시나 갑상샘 항진증이 아닐까 하여 토요일 오전 병원을 급히 찾았습니다. 그런데 병원에서 청천벽력의 이야기를 듣게 됩니다.

당장 종합병원 응급실을 찾아가라고 했습니다. 저에게 뛰어왔는지 혹은 계단을 이용했는지 물었습니다. 저는 병원에서 1분도 안 되는 거리에 주차를 했고, 엘리베이터를 이용하여 올라왔다고 했습니다. 그러나 저의 맥박은 굉장히 빨리 뛰었고, 숨이 매우 가쁜 증상과 어지러우며 손발이 떨렸습니다. 저는 인사 발령 받고 얼마 지나지 않았기에, 일을 한창 배울 시기이므로 겨우 시간을 내 주말에 병원을 찾아온 상황을 말씀드리고, 갑상선 초음파만이라도 검사를 부탁드렸으나, 초음파 기계를 갑상선에 건들지도 못한다고 하시면서 당장에 큰 병원 응급실을 가라고 하셨습니다. 이 당시 상황에서 정말 무서웠던 것은 제 몸을 제 스스로 조절할 수 없다는 것이었습니다. 숨이 가쁘면 심호흡을 크게 하고, 잠시 쉬면 맥박이 정상으로 돌아올 것으로 생각하며 마음을 가다듬고자 하였지만 도저히 제 몸이 말을 듣지 않았습니다. 그 자리에서 쓰러질 거 같다는 생각이 들었고, 겨우 정신을 차려 식은땀을 흘리며, 집으로 돌아왔습니다. 마침 점심시간으로, 일단 아내와 함께 집에서 경과를 지켜보기로 했습니다.

그리고 아내가 동행하여 집 근처 종합병원 응급실로 향했습니다. 여전히 한 걸음씩 내디딜 때마다 숨이 찼습니다. 오전 병원 방문 상황보다는 나았지만, 여전히 숨이 차고 불안한 마음이 가득했습니다. 종합병원 응급실에서는 심전도와 혈액 검사를 받았습니다. 그리고 그 결과는 정상이었습니다. 맥박도 정상으로 돌아왔고, 혈액 검사상 특이 사항은 없으며 며칠 뒤 갑상샘 항진증 검사 결과를 듣기 위해 외진 권유만 받았습니다. 제가 현재 겪었던 증상 관련 우리 부부의 물음에 응급실 선생님은 심리적인 요인이 큰 거 같다는 이야기와 정신건강의학 관련 약 처방과 진료를 권유했습니다. 며칠 뒤 응급실로 찾았던 종합병원의 갑상샘 의사 선생님도 갑상샘 항진증 검사 결과는 이상 없으며, 제가 겪었던 증상을 듣고는 정신건강의학과 진료를 이야기했습니다.

예전 제가 불면증이 있어 상담과 치료를 받았던 정신건강의학과가 생각났습니다. 집에서 근거리에 있고, 선생님이 친절하게 경청하는 상담 태도를 가지고 계셨기에 기억에 남았던 의원이었습니다. 선생님께서 환자와 충분한 상담을 하기에 하루 상담 인원이 제한되어 있고, 예약은 필수였습니다. 제가 그런 일을 겪고 월요일에 출근 후 몇 군데 병원들에 전화를 돌리며, 화장실에서 울었던 기억이 납니다. 그때 그 상황에서 숨이 가쁘다가 결국은 내가 죽을 거 같다는 생각, 숨이 가쁘고 정신이 잃어 직장에 계단에서 쓰러지면 나와 내 가족들을 어떻게 될까라는 생각을 했고, 병원 예약이 쉽지 않자, 울음을 터트렸습니다.

다행히, 아주 다행히 앞서 제가 불면증으로 다녔던 병원에 전화 연결이 겨우 되었고, 내일 오후에 진료가 가능하다는 간호사의 말에 저는 울먹이며 고맙습니다 라는 말을 반복했습니다. 초진은 2~3개월이 걸리지만 재진으로 분류되어 빠른 예약이 가능해 안도의 한숨을 쉴 수 있었습니다. 화요일 오후 정신건강의학과를 방문했습니다. 토요일에 겪었던 이야기, 이곳에 오기 전 들렸던 종합병원에서 갑상샘 의사 선생님이 갑상샘 항진증이 아니라는 검사 결과 등을 이야기하고 검사를 진행했습니다. 몇 가지 설문을 통한 검사와 선생님과의 상담 후 저는 진단을 받았습니다.

저의 진단명을 용기 내어 독자들에게 이야기합니다. 제가 2024년 3월 12일 진단받은 진단명은 현존 정신병적 증상이 없는 중증 공황발작입니다. 공황발작, 공황장애는 연예인만 걸리는 병 아닌가 생각했습니다. 내가 왜 이런 병에 걸린 것인지 혼란스러웠습니다. 의사 선생님은 제가 걸을 때 숨이 찼던 이유가 신경의 긴장도가 높아서라는 말씀을 하시며 당분간 일을 쉬는 것을 권유했습니다. 그리고 일주일에 한 번씩 약을 처방받고 상담하며 치료를 시작했고 직장에는 결국 휴직계를 내었습니다. 휴직계 제출 시, 걱정과 격려를 해주셨던 팀장님, 과장님, 국장님을 비롯한 동료 직원들에게 진심으로 감사의 말씀을 전합니다. 공황장애라고 하면 증상이 나타나는 경우에만 약을 먹을 것으로 생각하실 수 있겠지만, 제가 처방받고 투약하는 횟수는 아침·점심·저녁 하루 3번입니다. 물론 초반에는 비상약까지 있었습니다. 심각한 상황이었지만 다행히 질환 초반에, 병원에 온 경우입니다.

공황발작이라는 것을 겪고 나서 이런 생각을 문득 하게 되었습니다. 공황발작은 정말 죽을 것 같은 상황입니다. 물론 죽지는 않고, 시간도 길어야 20분을 채 넘기지 않는다고 합니다. 그러나 그 짧은 순간에 제 몸은 통제할 수 없는, 제 몸이 아닌 상태이고, 그러기에 너무나 불안한 마음으로 이렇게 죽는다는 고통을 받게 됩니다.

이런 고통 후에, 제가 이 도서를 창작하는, 글쓰기를 통해 제 경험을 여러분들과 나누는 일에 도전하게 되었습니다. 물론 공황장애를 겪고 있는 제가 온전히 집필에 정신을 집중하는 것이 쉽지 않지만, 세상과 소통하고자 하는 간절한 마음에 저의 버킷리스트를 완성해 가고 있습니다. 발작 시 죽을 거 같다, .이러다 죽으면 너무 아까운 내 인생이다... 내가 하고 싶었던 일들이 분명히 많은데, 이렇게 죽어 버리면 황망할 것이다. 도전하자. 물론 내가 글쓰기를 전문적으로 배워 본 적은 없지만 6개월의 휴직 기간 조금씩 무리하지 않고 나의 이야기로 글을 써본다면, 그리고 그렇게 책이 나온다면 따뜻한 소통의 이야기를 세상에 전할 수 있을 것 같아 도전하게 되었습니다. 공황발작을 겪고 나니 죽음의 문턱에 왔다 간 거 같습니다. 여러분들도 꼭, 본인이 하고 싶은 일이 있다면 후회하지 않게 도전해 보세요. 그리고 아내, 부모님, 형제 등 가족들, 친구들에게 사랑합니다, 고맙습니다. 이런 말들도 꼭 한 번쯤은 해 보아요.

'지크문트 프로이트'라는 인물을 들어 보셨나요? 오스트리아 출신의 정신과 의사, 심리학자, 철학자이며 정신 분석학의 창시자입니다. 오이디푸스 콤플렉스와 엘렉트라 콤플렉스란 개념을 만들었으며, 리비도(성적 욕구) 및 인간 발달 단계, 원초아(이드), 자아(에고), 초자아(슈퍼에고)라는 사람의 심리를 구성하는 개념을 정립했습니다. 무의식과 자유 연상 기법으로 대변되는 그의 정신 분석학은 『꿈의 해석』이라는 대표 저서로 상징되기도 합니다. 조금 더 자세히 이야기해 볼까요. 원초아(이드)는 인간이 가진 원초적 본능의 욕구이며, 초자아(슈퍼에고)는 사회적 관념과 도덕 교육을 통해 형성되는 것으로서 행동을 사회규범의 범위로 이끄는 역할을 합니다. 그리고 자아(에고)는 원초아의 욕구를 통제하고, 초자아(슈퍼에고)와 조화를 통해 사회에서 용인된 행동을 할 수 있도록 조율합니다. 이렇듯 자아는 이드의 충동적 본능, 그리고 초자아의 엄격한 자기비판을 잘 조율해야 하는데, 이것들이 서로 충돌하는 경우가 많아 인간이 혼란과 어려움을 겪는다고 주장합니다.

현대 정신건강의학의 개념을 세운 프로이트는 19세기 활동했습니다. 1800년대 말 1900년대 초반에는 정신 건강 관련한 질환의 원인을 뇌에서 찾아야 한다는 의견은 모아졌으나, 구체적으로 뇌 안에서 어떤 일들이 벌어지는지 과학적, 영상학적으로 알 수 없었던 시기였습니다. 프로이트는 뇌 안에서 무슨 일이 벌어지는 건 사실이지만, 현대 의학으로 그것을 해명할 수 없기에 정신 분석으로 접근하고자 인간의 무의식을 다루는 자유 연상 기법이라는 것을 도입합니다.

자유 연상 기법은 마음속에 떠오르는 것을 아무런 수정도 가하지 않고, 이야기하도록 하는 정신 분석의 기법입니다. 처음에는 최면을 통하여 환자의 무의식에 접근하고자 했으나, 최면에 걸리지 않는 환자가 있으며, 최면에서 나오는 말들이 모두 환자의 무의식과 관련되어 있다고 단언할 수 없었기에, 최면의 한계에 자유 연상 기법을 도입했습니다. 환자 또는 내담자가 편안한 분위기에서 소파(카우치)에 누워 떠오르는 생각들을 말하면 분석가가 무의식의 흔적들을 가지고 내담자의 문제를 분석하는 것이 자유 연상 기법입니다. 자유 연상 기법은 특징이자 단점을 하나 가지고 있었습니다. 바로 많은 비용과 시간이 필요하다는 것입니다. 일주일에 2~3번, 1타임에 1시간, 이런 상담을 최소 2~3년간 할 수 있는 사람만 정신 분석을 받을 수 있었고, 이런 시간과 비용을 감당할 수 있는 사람들은 유럽에서는 귀족들만이 가능했고, 프로이트가 미국으로 망명한 이후에는 귀족 대신 부자들이 그 자리를 차지했습니다.

이렇듯 서양에서는 정신 분석·자유 연상 기법이 평범한 사람들은 접근하기 어렵고, 부유층만 받을 수 있는 치료 방식이었기에 정신과·정신 분석·정신과 질환에 대한 편견이 동양보다 조금 더 빨리 없어지지 않았을까 생각합니다. 흔히 우울증을 마음의 병이라고 하지만, 실제로는 우울증을 비롯한 신경증과 조현병을 비롯한 정신증의 원인을 뇌에서 찾아야 합니다. 정신건강의학과에서 우울증으로 처방하는 약들도 뇌

신경 전달 물질이 관련된 약들입니다. 가장 좋은 정신건강의학과는 집에서 가깝고, 상담이 친절한 곳이라고 합니다. 제가 다니는 곳은 둘 다 해당합니다. 제가 사는 집에서 가깝고 친절하게 상담해 주시는 박상욱 선생님이 진심으로 고맙습니다. 상담이 친절한 곳은 찾기 힘들겠지만, 집에서 가까운 곳이라는 이야기는 그만큼 낯설지 않다는 이야기로 생각됩니다. 저는 운 좋게도 의사 선생님을 잘 만날 수 있었습니다.

낯설어서, 생경해서, 편견이 두려워서, 정신건강의학과의 문턱을 넘어서지 못한다면 정신 건강 관련 질환은 점점 더 악화될 것입니다. 우리 사회의 인식도 정신건강의학과 진료를 마음 약한 사람이 가는 곳이라 터부시하는 편견에서 벗어났으면 합니다. 내가 가족이나 친구들에게 하지 못한 이야기를 자유 연상 기법처럼 의사 선생님에게, 의사 선생님은 그 이야기를 듣고 환자의 상태에 맞게 적절한 약을 처방합니다. 지금은 정신건강의학과 방문이 용기이지만, 당연한 일상으로 생각하는 인식의 변화가 사회복지전담공무원의 소진 예방 및 우리 사회의 취약계층 발생을 예방하는 등 건강한 대한민국 사회복지망 구축에 도움이 될 것입니다. 그리고, 그런 날이 조만간 올 것으로 저는 믿습니다.

〈조커〉(2019)에 이어 영화 이야기 한 편 더 해 볼까요?

〈뷰티풀 마인드〉라는 영화를 들어보셨나요? 2001년 미국에서 개봉하여 제74회 아카데미 최우수 작품상을 수상한 러셀 크로우 주연의 영화로 게임 이론의 내시 균형(게임 상황에서 모든 참여자가 자신의 선택을 최적화하여 상호 작용하는 상태)과 1994년 노벨 경제학 수상으로 유명한 수학자 존 내쉬 이야기를 담은 전기 영화입니다. 수학자의 전기 영화라고 해서 주인공의 훌륭한 모습을 그리는 영화는 아닙니다. 실제 수학자 존 내쉬가 수십 년간 겪었던 조현병(정신분열병)의 발현 모습이 그려지며, 증상 악화로 입원 치료까지 강행하는 상황에서도 헌신했던 존 내쉬 아내의 사랑이 느껴지는 영화입니다.

조현병은 2010년 3월 이전까지는 정신분열증으로 불리었습니다. 정신분열이라는 단어가 환자에 대한 차별, 인권침해 및 질병에 대한 부정적인 인식을 형성하여 원활한 치료와 복귀를 방해할 수 있다는 비판이 제기되면서 조현병으로 명칭이 바뀌었습니다. 한자어 조현(調絃)은 현악기에서 올바른 음을 내기 위해 줄을 조율하는 것을 의미합니다. 조현병이라는 병의 대표적인 증상인 망상, 환청 등의 뇌의 신경 구조가 제대로 조율되지 않아 혼란을 겪는 상태로, 현악기의 줄이 너무 느슨하거나 팽팽해져 제대로 된 소리를 내지 못하는 상황과 비슷하다고 하여 명명되었습니다. 정신건강의학과는 크게 신경증과 정신증을 치료하는 진료과이며, 이성적·현실적 판단 능력이 무너지고 현실과 환상의 경계가 무너지는 것을 특징으로 가지고 있는 '정신증' 중, 대표적인 예가 조현병입니다.

현실과 환상의 경계가 무너진다 라는 조현병의 증상으로는 환청·환시·환촉 등 환각, 그리고 망상이 있습니다. 〈뷰티풀 마인드〉의 존 내쉬도 환청과 셀프 토킹을 보여 줍니다. 대학 시절 싸우는 모습과 소련의 스파이로부터 쫓긴다는 모습들은 사실 관계망상, 피해망상에서 오는 혼자만의 모습이라는 것을 영화의 중반부 이후에서 보여 줍니다. 이 영화를 저도 봤었는데 영화의 반전에 놀랐고, 영화 감상 이후 찾아본 자료에서 이것이 실화였다는 점에 한번 더 놀랐습니다. 다행히 존 내쉬의 실화처럼 영화도 해피엔딩을 맞이합니다. 그럼, 몇십 년 동안 앓은 조현병을 완치했을까요? 입원 치료까지 했지만 여전히 존 내쉬의 환시 등 환각은 그대로입니다. 다행히 환각은 종종 나오지만 더 이상 적대적으로 나오지도 않으며, 자기 나름대로 환각과 현실을 구분하고 질병을 극복하려는 모습도 보여 줍니다. 예를 들어 낯선 사람이 나타나자, 퇴실하던 학생을 붙잡고 자신 앞에 있는 사람이 실제인지 확인을 요구합니다. 학생은 재밌는 장난처럼 생각했지만, 사실 존 내쉬는 실존 인물로 검증된 학생의 시선을 빌려 눈앞에 나타난 인물이 환각인지 아닌지 객관적으로 판단하고자 했습니다. 완전히 망상을 현실로 받아들이는 것이 아닌, 자신의 병식을 인식한 상태로 망상과 현실을 구분 짓는 인지 능력이 작동한 예입니다.

영화를 통해 조현병을 소개했지만, 사실 우리 주변의 매체에서는 조현병을 아주 무섭게 소개하고 있습니다. 방화 흉기 난동 등 묻지마살인의 범인으로 등장하는 경우가 조현병을 앓고 있는 정신질환자입니다. 앞서 〈조커〉(2019)의 경우처럼 조현병을 앓고 있다고 해도 그들의 범죄는 정당화될 수 없습니다. 그 범죄 피해의 유가족들에게는 너무나 큰 고통이기 때문입니다. 그런데 이런 범죄를 일으킨 조현병 환자들은 우리 사회의 상류층 또는 중산층이었을까요? 아니면 가난하고 가족들과의 연락도 끊긴 사회적 취약계층이었을까요? 조커는 불안정한 사회 시스템과 사회안전망의 붕괴로, 정신질환이 있는 가난한 광대가 사회적 괴물로 변하는 이야기를 다루었습니다. 〈뷰티풀 마인드〉의 주인공 존 내쉬도 조커처럼 한 사회의 취약계층이었을까요? 하버드와 프린스턴 등에 합격하여 프린스턴 대학교 대학원의 장학생으로 입학 후, 30대 초반에

필즈상 수상 후보로 거론되었으며 노벨 경제학상 및 아벨상 수상 그리고 게임 이론의 내시 균형 등 많은 업적과 명예를 안은 미국의 천재 수학자이자 경제학자입니다.

우리 사회를 이끌어가는 오피니언 리더조차 조현병으로 몇십 년을 투병했습니다. 리만 가설 관련 강연을 하던 중 혼자서 횡설수설하는 등 증상이 악화되어 발현되었고 조현병을 진단받고, 치료하기 시작했습니다. 이렇듯 조현병을 비롯한 정신질환은 교육 수준이 낮거나 지적 능력이 떨어지는 사람에게만 발병하는 것은 아닙니다. 신경증 및 정신증의 정신질환은 우리를 비롯한 평범한 사람에게도 발병할 수 있습니다. 심지어 조현병의 발병율은 전 인구의 1%라고 할 정도로 생각보다 흔한 질환입니다.

그렇다면 조현병의 악화, 또는 그로 인한 사회적 폐해를 막을 수는 없을까요? 〈뷰티풀 마인드〉 초반 존 내쉬의 프린스턴 대학교 대학원생 시절이 그려집니다. 주인공 존 내쉬는 무뚝뚝하며 대인관계에 서툴고 사회성이 떨어지는 모습을 보입니다. 영화에 대한 사전 지식 없이 영화를 보면, 이런 모습들이 존 내쉬가 괴짜 천재임을 보여주는 영화적 장치로 보입니다. 하지만 사실 존 내쉬의 이런 모습들은 조현병 발병 이전의 일종의 전구 증상으로 해석할 수 있습니다. 물론 그런 모습이 있다고 백 퍼센트 조현병에 걸리는 것은 아니겠지만, 조현병 환자들의 다수가 조현병 발병 이전에 전구 증상에서 그런 모습을 보이는 경우가 많다고 합니다.

    우울증을 비롯한 조현병까지... 사회적 취약계층을 만나는 일이 숙명인 사회복지전담공무원의 특성상 정신질환자를 자주 보는 경우가 많고, 어쩌면 위험한 상황에 처하는 경우도 있습니다. 제가 △△읍사무소에서 근무했던 시기에, 이장님이 동네에서 칼을 들고 다니는 주민이 있다고 제보해 주셨습니다. 저는 그 당시 찾아가는 방문 상담·복지사각지대발굴 등의 업무를 담당하는 팀에 있어 그 마을 이사무소에 몇 번 찾아갔고, 마을을 둘러봤지만 제보와 관련된 대상자는 찾지 못했습니다. 며칠 뒤, 파출소 및 정신건강복지센터에서 연락이 왔습니다. 그 제보와 관련된 대상자의 집으로 출동한다는 소식과 업무 협력을 요청했습니다. 대상자의 집으로 저도 도착해 보니, 이미 대상자는 결박한 상태였고 병원으로 입원 조치를 밟게 되었습니다. 자살·자해·타인에 대한 위협 등으로 입원 치료가 필요한 상황이었고, 저도 난생처음 겪는 상황에 적잖이 당황했습니다. 병원 입원 조치 후 의료비 지원 등을 제가 연계하여 경찰서로부터 감사장을 받았지만, 감사장의 기쁨보다 마을 주민들이 다치지 않았다는 안도감이 앞섰던 사례입니다.

〈뷰티풀 마인드〉의 존 내쉬에게는 헌신적인 사랑과 희생을 했던 아내가 있어 조현병 환자였지만 위대한 수학자가 될 수 있었고, 제가 읍사무소에서 겪었던 환자의 경우도 교류하는 가족이 있었기에 더 큰 피해를 막고 적절한 조치를 할 수 있었습니다. 앞서 말씀드린 전구 증상, 모든 병이 그렇지만 조현병은 초기 치료가 굉장히 중요하다고 합니다. 초기에 약간의 양성 증상(환각, 망상 등)은 도파민만 억제해 주면 금방 좋아지고, 이후 약을 꾸준히 복용하거나 외래 추적 관찰만 잘 받으면 정상인이나 다름없게 살 수 있다고 합니다.

하지만 본인이 병식을 인지하지 못하고, 주변에서 관심을 가져 주지 않으면 양성 증상은 점점 심해지고 음성 증상(한여름에도 롱패딩을 입는 상황에 맞는 적절한 옷차림 불가, 샤워·세수 등 필수적인 일상생활조차 하지 못하는 상황)까지 생기는데 시간이 갈수록 상황도 심각해진다고 합니다. 이런 점은 우울증을 비롯한 신경증도 비슷하다고 생각합니다. 우울증을 겪고 있는 사람에게 '마음이 약해서 그런 거다, 힘내요'라는 말처럼 힘 빠지게 하는 말은 없다고 합니다. 마음이 약해서 그런 것 아니고, 힘을 내고 싶어도 몸이 움직이지 못하는 상황이 우울증입니다.

정신건강의학과의 질환은 마음이 아프다, 그러면 심장이 아픈 것인가요? 아닙니다. 마음이 아프다고 할 수 있겠지만, 정확히는 뇌가 아픈 것입니다. 우울증의 원인을 한 가지로 콕 찍어 이야기할 수 없는 다요인에 의해 발병하는 것으로 알려져 있는데, 신경전달물질인 세로토닌(Serotonin)의 부족이 한가지입니다. 우울감이 비가 오는 날이 일주일에 2~3번 오는 날씨라면 우울증은 몇 달 내내 비가 오는 날씨라고 비유할 수 있습니다. 우울한 감정, 우울감이 몇 달간 장기간 발생하여 일상생활이 힘들다면 심리상담과 치료를 병행해야 합니다. 항우울제는 우울장애의 원인이 되는 도파민, 세로토닌 등의 호르몬 불균형을 치료하는 역할을 합니다. 약물치료의 효과를 제대로 보기 위해서는 매일 정해진 시간에, 의사가 처방한 날짜 안에, 빼먹지 말고 꾸준히 먹는 것이 중요합니다.

즉 정신증·신경증 등 정신질환은 초기에 발견하여 집중적인 초기 치료 후 꾸준히 투약하고 관리한다면 일상적인 생활이 가능하고 사회 구성원의 역할을 다할 수 있겠지만, 현실적으로 취약계층에서는 그런 꾸준한 관리가 어려운 분들이 많다고 생각합니다. 향정신성의약품들은 효과를 높이려고 복용량을 임의로 늘리거나 증상이 나아졌다고 해서 갑자기 약을 도중에 끊어 버리면 이전에 느낀 증상보다 더 심각한 부작용을 초래할 수 있다고 합니다. 사회복지전담공무원이 만나는 정신질환을 겪고 있는 분들은 1차 지지체계 가족과 떨어져 지내는 경우가 많습니다. 감히 짐작해 보자면 오랜 세월이 지나면서 가족들도 그분들에게 지쳤을 것이고, 가족들과의 관계가 소홀해진 그분들은 질환이 나빠지는 악순환을 겪고 있을 무렵에 사회복지 전담공무원을 만나게 됩니다. 그분들은 다시 그 악순환으로 소득 활동 등 경제 문제도 있기에 생계 곤란을 겪게 되었고, 기초생활수급자 또는 차상위계층으로 보장받을 확률이 매우 클 것입니다. 정신보건 관련하여 전문화된 교육을 받지 않은 사회복지전담공무원이 정신질환을 겪고 있는 분들과 소통하는 것은 매우 어려운 일입니다. 그렇기에 전문적인 소통을 저는 사회복지전담공무원들에게 요구하지 않습니다.

단지 조그마한 관심과 격려가 그들이 사회적 괴물로 변해가는 것을 막을 수 있지 않을까 생각합니다. 사회복지망이 하나씩 하나씩 뜯겨 나가면서 의지할 때 없던 사람들이 사회구성원으로서의 모습을 잃어버린다면, 그들은 사회 질서를 파괴하려는 사회적 괴물로 변해갈 것이라고 말씀드렸습니다. 사회복지망이라는 사회구조적인 제도 안착과 더불어 "약은 잘 챙겨 드시나요? 매일 꾸준히 잊지 않고 드셔야 해요."라는 사회복지전담공무원이 말 한마디, 가정 방문이 어렵다면 유선 상담으로 따뜻한 기운이 전해지지는 말 한마디가 심리적 안전망이 되어 정신질환을 겪고 있는 분들의 마음을 녹일 것입니다. 그리고 나도 사회로부터 관심을 받고 있다는 안정감이 그들을 사회적 괴물로 변하지 않게 만들 것입니다.

지지체계의 역할을 거창하게, 그리고 가족만큼은 할 수 없을 것입니다. 그러나 사회복지전담공무원 스스로가 정신질환자에 대한 사회적 편견을 거두고, 그들에게 건네는 따뜻한 말 한마디로 꾸준한 약물 치료의 끈을 놓지 않게 한다면…. 그 사회복지전담공무원은 사회적 책임과 역할을 훌륭히 다한다고 칭찬해 주고 싶습니다. 현실적으로 너무나 어려운 일이지만, 우리 사회복지전담공무원 중에는 묵묵히 그 역할을 다해내고 있는 분들이 있기에 저는 든든합니다.

2장
더불어 사는 동네를 만드는 사람들

　자생 단체는 초기 공동체 활동의 수행을 위한 기반을 구축하는데 중요한 지역공동체의 참여 주체로서, 지역공동체 활동을 위한 직접적 서비스의 제공뿐만 아니라 지역사회 문제를 해결하기 위한 행정 서비스와 정책을 개발하게 하는 역할 및 지역공동체의 요구를 파악하고, 지역사회 문제의 원인 및 해결에 대한 공동체 주체들의 인식을 제고시키는데 중요한 역할을 담당한다고 합니다.[2] 제가 근무했던 제주시 읍·면·동에는 2024년 3월 기준으로 주민자치위원회·이장협의회·통장협의회·새마을부녀회·연합청년회·바르게살기위원회·새마을지도자회 등의 자생 단체가 있습니다. 그 중에는 복지 자생 단체로 읍·면·동지

2　발췌 : 행정안전부 발간 [지역공동체의 이해와 활성화]

역사회보장의체, 청소년지도협의회, 장애인지도협의회가 있습니다. 그리고 제주시 구좌읍에 있는 복지단체 제주시 구좌읍 기술자원봉사대가 기억에 남습니다. 제가 관련되었던 장애인지원협의회와 구좌읍 기술자원봉사대의 이야기를 독자 여러분들과 나누겠습니다.

먼저 장애인지원협의회입니다. 2024년 3월 13일 기준 ㈔제주특별자치도 장애인지원협의회를 중심으로 제주특별자치도 내 43개 읍·면·동 중, 32개의 읍·면·동에서 운영 중입니다(제주시 20지역 회원 수 601명, 서귀포시 12지역 회원 수 303명). 장애인지원협의회는 1998년 지역사회중심 재활 사업(CBR)의 일환으로 지역사회 장애인복지 증진과 권익향상, 장애인과 비장애인의 더불어 살아가는 아름다운 제주를 만들기 위해 지역주민들의 자발적인 참여로 시작된 주민 참여 조직입니다. 한림읍에서 1998년 한림읍장애인지원협의회 발대를 시작으로 출발하여 제주도 내 장애인을 위한 다양한 활동을 하고 있습니다. 그리고 2008년 지역 장애인지원협의회 연합회 '제주특별자치도장애인지원협의회'를 창립하는 등, 광역 단위의 단체로 발전했습니다.

제주특별자치도 내 장애인지원협의회는 읍·면·동마다 다양하고 특색있는 사업들을 추진하고 있습니다. 대표적으로 몇 개 지역협의회의 활동을 소개하겠습니다. 한림읍장애인지원협의회는 외출의 기회가 적은 재가 장애인들에게 문화 향유의 기회를 제공하는 나들이 행사 · 장애인 생활 체육의 활성화 도모의 제주시 서부지역 론볼대회 개최, 구좌읍장애인지원협의회는 저소득 장애인에게 밑반찬과 김치를 만들어 전달하는 밑반찬 및 김장김치 전달 사업 추진, 이도2동장애인지원협의회는 비장애인들이 장애인들의 삶을 이해하고 체험할 수 있는 장애인 시설 견학, 이호동장애인지원협의회는 주거환경개선사업 및 명절맞이 제수용품 지원사업 등 지역의 장애인복지 발전을 위해 제주의 읍 · 면 · 동 장애인지원협의회는 다양한 사업들을 추진하고 있습니다.

장애인지원협의회 업무는 제가 자주 담당하지는 않았고, 신규 공직자 시절 2013년도에 한림읍장애인지원협의회를 1년 동안 맡았던 기억이 있습니다. 그래서 한림읍장애인지원협의회가 가장 기억에 남습니다. 그 당시 제주시 한림읍사무소 옆에는 한림체육관이 있었고, 체육관 내에는 론볼경기장이 있었습니다. 론볼이라는 스포츠 종목이 생소했는데, 2012년에는 국제적인 규모로 증축되었다고 하니 호기심 어린 모습으로 경기장을 지켜봤던 기억이 있습니다. 한림읍장애인지원협의회는 매해 〈제주시 서부지역 장애인 론볼 경기대회〉를 이곳에서 개최합니다. 제주시 서부지역 3개 읍면(한림읍 · 애월읍 · 한경면) 장애인들의 자활 · 자립 의지를 고취 및 장애인 체육 진흥을 위해 한림읍장애인지원협의회가 주최하는 론볼 경기입니다. 먼저 론볼은 잔디 경기장에서 규정된 수의 볼을 잭이라 불리는 작은 공에 가까이 굴리는 경기입니다. 론볼이라는 의미가 곧 잔디에서 볼을 굴린다는 뜻입니다. 〈제주시 서부지역 장애인 론볼 경기대회〉가 장애인들의 체육 활성화에 그쳤다면, 저는 10년이 지난 지금 잊었겠지만, 장애인과 비장애인이 함께 팀을 이루어 경기를 하며 장애인에 대한 인식 개선과 서로 간의 마음을 나눌 수 있는 화합의 장이었고, 함께 살아가는 사회 분위기 조서에 앞장섰던 행사였기에 추억으로 남아있습니다.

그리고 구좌읍기술자원봉사대라는 주거환경을 전문으로 하는 봉사단체가 제주시 구좌읍에 있습니다. 구좌읍 및 성산읍에 거주하시는 목공 · 창호 · 전기 · 수도 · 페인트 등 건축 · 설비 분야 전문기술자분들의 자발적인 참여로 봉사대를 운영하며, 어려운 이웃들에게 따뜻한 보금자리를 마련해 주는 활동을 하고 있습니다. 컨테이너 가구에 지붕 시공 및 진입로 평탄화 작업 시행, 간이식 노후 화장실을 사용하는 홀로 사는 저소득 어르신 가구에 화장실 설치, 부엌 수리, 페인트 시공, 잠금장치 수리 등 보조사업을 통해 재료비 구매에만 비용을 집행하고, 인건비는 재능 기부 및 노력 봉사로 대체하는 취약계층 주거환경개선 전문 봉사 단체입니다.

구좌읍이라는 지역이 농촌으로 오래된 집들이 많습니다. 그리고 생계가 어려운 장애인·홀로 사는 어르신 등 취약계층은 더욱 주거환경이 좋지 못한 경우가 많아 제가 구좌읍에 발령받고 고민이 많았습니다. 그렇지만 든든한 구좌읍기술자원봉사대를 맡게 되고 나서는 구좌읍 취약계층의 주거환경 개선은 더 이상 고민하지 않아도 되었습니다. 생계가 곤란하고 지지체계가 없이 사회적으로 외롭게 살아가는 취약계층이라도 의식주라는 인간의 필수 조건 충족과 이를 통한 인권의 실현, 구좌읍기술자원봉사대가 있었기에 구좌읍은 가능했습니다.

우리 지역의
어둠을 밝히는 촛불

2장

저의 찾아가는 보건복지팀(현 읍·면·동 복지허브화 사업, 맞춤형복지팀) 업무를 담당한 경력은 4년 6개월입니다.(제주시 이도2동 1년, 제주시 한림읍 1년, 제주시 구좌읍 2년, 제주시 이호동 6개월) 간호직이 합류하기 전 근무했던 저는 복지사각지대 발굴, 통합사례관리, 읍·면·동지역사회보장협의체 운영, 민·관협력 특화사업 등의 업무를 수행했습니다. 읍·면·동에는 다양한 단체들이 있습니다. 그렇지만 단체의 장, 즉 위원장이 공동위원장으로 공공(읍·면·동장)과 민간이 함께하도록 법적으로 보장받는 단체는 극히 드물며, 그런 단체가 바로 읍·면·동 지역사회보장협의체입니다. 이것은 읍·면·동 지역사회보장협의체가 매우 중요한 단체임을 의미하는 상징성이라고 할 수 있습니다. 공공사회복지가 사회보장제도로 국민을 사회적 위험으로 지켜내고자 하는 과정에서 여러 여건으로 발생할 수 있는 복지사각지대 등을 보완하기 위해 민간과 함께하는 길이 바로 읍·면·동 지역사회보장협의체입니다. 현행 사회보장급여의 이용·제공 및 수급권자 발굴에 관한 법률에서는 읍·면·동 지역사회보장협의체을 이렇게 정의합니다.

> 특별자치시장 및 시장·군수·구청장은 읍·면·동 단위로 읍·면·동의 사회보장 관련 업무의 원활한 수행을 위하여 해당 읍·면·동에 읍·면·동 단위 지역사회보장협의체를 둔다.

그리고 동법에서는 읍·면·동 지역사회보장협의체 역할도 이야기하고 있습니다.

> 법 제41조제7항에 따른 읍·면·동 단위 지역사회보장협의체(이하 '읍·면·동 단위 지역사회보장협의체'라 한다)는 다음 각 호의 업무를 지원한다.
>
> 1. 관할 지역의 저소득 주민·아동·노인·장애인·한부모가족·다문화가족 등 사회보장사업에 의한 도움을 필요로 하는 사람 발굴 업무

2. 사회보장 자원 발굴 및 연계 업무

3. 지역사회보호체계 구축 및 운영 업무

4. 그 밖에 관할 지역 주민의 사회보장 증진을 위하여 필요한 업무.

2016년은 읍·면·동 지역사회보장협의체 1기가 출범한 해입니다. 임기 2년으로 2024년부터는 5기로 활동을 하고 계십니다. 이제 저와 함께했던 4개 읍·면·동 지역사회보장협의체의 이야기를 독자 여러분들과 나누겠습니다. 그 출발은 2016년 이도2동지역사회보장협의체의 이야기입니다.

가장 기억에 남는 이도2동지역사회보장협의체 활동은 '장애인취업박람회 동네잡(job) 행사'입니다. 지역 내 다양한 자원을 연계한 민관 협력 특화사업으로 더불어 함께하는 지역사회 조성 등 장애인의 지역 보호체계를 강화하고자 추진했습니다. 2015년 제1회 개최를 시작으로 2023년 제7회까지 성황리에 열리고 있습니다. 이도2동지역사회보장협의체, 이도2동주민센터, 한국장애인고용공단 제주지사가 공동 주관하고, 탐라장애인종합복지관이 후원(장소 제공)하는 행사입니다. 제1회 행사를 기획했던 담당 직원분이 당시 일반행정직 7급 주무관님으로 휠체어를 타고 다니는 장애인 당사자였습니다.

　장애인들의 취업이 어렵다는 상황에서 착안한 아이디어로 지역 내 장애인들의 지속 가능한 사회 참여와 자립·자활의 기회를 제공하고자 이도2동지역사회보장협의체와 함께 기획했습니다. 장애인생산품판매시설장, 장애인직업재활시설장 등 장애인복지시설 관련 시설 종사자들이 이도2동지역사회보장협의체에 있었기에 주무관님의 의견에 더욱 뜻을 같이할 수 있었습니다. 저도 이런 뜻깊은 특화사업에 참여할 수 있어서 영광이었습니다. 성현숙 팀장님 등 직원들과 제가 기획부터 참여한 2회 행사도 구인 업체 12개소가 참여하는 등, 행사의 의미를 전승하며 성공했습니다. 2023년 개최되었던 7회 행사 내용을 살펴보니, 제주시 소재 구인업체가 참가해 현장 면접 후 취업까지 연계할 예정이며 참여자들의 구직 신청 및 면접 준비를 위한 취업 컨설팅 분야로 사진 촬영, 이력서 코칭, 면접 메이크업 부스까지 운영되었다고 합니다.

　이도2동지역사회보장협의체의 다양한 활동 중 '장애인취업박람회 동네잡(job) 행사'를 손에 꼽는 이유가 있습니다. 사회복지전담공무원 임용 4년 차에 접어들면서 장애인복지 업무도 담당했었지만, 아직 장애인을 사회적 약자로 보는 시선에 저는 머물렀습니다. 행사를 통해 장애인의 취업 등 자립·자활 의지 및 사회구성원으로서의 주체성을 알 수 있었습니다. 장애인을 자립적인 존재로 볼 수 있게 된 의미 있는 변화의 소중한 경험으로 장애인취업박람회를 추억하고 있습니다. 추억을 함께했던 김선영 위원장님(현 제주예총 회장)과 오윤정 위원님(현 제주연구원 제주사회복지연구센터장) 등 이도2동지역사회보장협의체에 복지인으로서 감사를 전합니다.

그리고 2019년 한림읍지역사회보장협의체의 이야기를 해보겠습니다.

한림읍지역사회보장협의체는 지역 실정에 맞는 현장 중심의 맞춤형 복지서비스 강화 관련, 민·관협력 맞춤형 복지프로젝트 한수풀 행복기동대를 운영했습니다. 한수풀 행복기동대의 세부적인 활동은 3가지로 기억됩니다. 복지사각지대의 열악한 주거환경을 개선하는 행복가(家)꿈, 발굴된 결식 우려 가구에 협약 식당의 밑반찬을 배달하는 행복애(愛)찬, 찾아가는 복지홍보 등 복지사각지대 발굴의 행복만(滿)남으로 구성·추진했습니다.

한림읍은 21개의 마을(리)로 이루어져 있습니다. 넓은 지역으로 바닷가의 수산업, 중산간 지역의 축산업 등 1차 산업이 발달했습니다. 협의체 위원님들은 행복만(滿)남으로 거주하고 있는 마을에 도움이 필요한 주민들을 발굴하는 복지사각지대 파수꾼의 역할을 해주셨고, 행복가(家)꿈·행복애(愛)찬으로 복지서비스를 직접 제공하는 역할도 해주셨습니다. 읍 지역에서의 지역사회보장협의체 활동은 처음 접해봤고, 읍 지역의 특성 상 지역 출신 인사를 비롯하여 시집·장가 후에 오랫동안 거주하신 분들이 많아 애향심 및 지역 사랑의 정신으로 활동하시는 모습이 인상적이었습니다.

자 이제, 2021년 7월부터 2023년 7월까지, 2년 동안 근무했던 구좌읍사무소의 구좌읍지역사회보장협의체 활동 이야기입니다. 구좌읍의 경우 구좌사랑 희망나눔 캠페인(정기 기부)과 오리온 용암수 관련 ㈜오리온재단의 기부 등으로 사회복지공동모금회에 기부금이 상당히 적립되어 있었고, 이 기부금을 활용한 여러 특화사업을 추진했습니다. 특히 구좌읍은 지난 2018년 6월 ㈜오리온재단·제주사회복지공동모금회·구좌읍지역사회보장협의체·지역사회복지기관과 구좌사랑 희망드림 사업 업무 협약을 체결했습니다. ㈜오리온재단은 협약체결 첫해인 2018년부터 구좌읍 지역복지를 위한'구좌사랑 희망드림'사업에 매년 꾸준히 기부하여 나눔문화에 앞장섰으며, 제가 근무했던 2023년에도 1억 원을 기부하는 등 5년간 기부 총액은 총 4억 7,000만 원에 달했습니다. '구좌사랑 희망드림' 사업은 구좌읍 취약계층 및 지역 복지기관 사업에 지원되었습니다. 저는 기부 금액에 놀랐고 이런 나눔 문화가 지역 주민 삶의 질 향상에 도움이 될 것이라고 느꼈습니다.

김장 김치 전달, 삼계탕 나눔 등의 독자적인 사업과 더불어, 구좌읍 사무소 옆 동제주종합사회복지관과 머리를 맞대고 기획하며 추진하는 특화사업들이 많았습니다. 구좌읍지역사회보장협의체 위원님들중에는 동제주종합사회복지관 직원분이 계셨고, 특화사업 뿐만 아니라 많은 부분에서 동제주종합사회복지관의 도움을 많이 받았습니다. 동제주종합사회복지관 직원 및 구좌읍지역사회보장협의체 위원으로 적극 활동해주신 동제주종합사회복지관 양권철 과장님과 고민균 팀장님께 감사의 말씀 전합니다. 나아가 구좌읍지역사회보장협의체는 관내 중·고등학교와 업무 협약을 통해 구좌사랑 희망나눔 청소년 장학금 사업을 운영하는 등 지역사회 기관들과도 협력 체계를 구축했습니다. 특히 2023년에는 13개 기관(시설)과 민·관 협력 맞춤형복지 지원체계 구축을 위한 업무협약을 체결했습니다.

그리고 구좌읍사무소·구좌읍지역사회보장협의체·동제주종합사회복지관 특화사업 중 어르신 먹거리돌봄사업 '쿡팡'을 소개하겠습니다. 2023년 5월에 시행된 이 사업은 은빛마을노인복지센터가 협력 기관으로 참여했고, 민·관 결식이 우려되는 독거노인 70명에게 주 1회 양질의 영양식을 제공했습니다. 구좌읍은 농촌 지역의 특성상 그 당시 노인 인구 비율이 27.4%로 지역 특성에 맞는 특화사업이었다고 생각합니다. 어르신에게 건강하고 활력 있는 영양식 지원 및 정기적 안부 확인으로 돌봄 사회안전망 구축이라는 목표를 가지고 사업을 추진했습니다.

더불어 구좌읍사무소·구좌읍지역사회보장협의체·동제주종합사회복지관은 구좌읍에 거주하는 아동과 청소년이 밝고 건강하게 성장해 나갈 수 있는 다양한 특화사업을 기획했습니다. 저소득 아동들의 건강한 여가 생활 기회 제공이라는 목표 아래 관내 지역아동센터가 협력 기관으로 참여, 추천 아동들에게 관내 질그랭이센터의 카페와 파리바게뜨 김녕점 이용권을 지원하는 '꿈을 먹는 베이커리사업'을 추진했습니다. 가족이나 선생님, 소중한 친구에게 따뜻한 감성을 전달하고 솔직한 마음을 표현하는 손 편지를 자필로 작성하여 접수하면, 심사해 상금과 소정의 선물을 전달하는 「소원요정 구좌삼춘」이 함께하는 손 편지쓰기 공모전을 2023년에 개최했습니다. 공모전은 뜨거운 호응으로 2024년 5월 말 제2회가 개최되었다고 합니다.

제가 2023년 7월 구좌읍사무소에서 2년간 근무 후 전보 발령을 받아, 부서를 이동했고, 이에 밑그림만 그리고 사업 추진은 하지 못해 아쉬운 사업이 하나 있습니다. 바로 구좌읍사무소 · 구좌읍지역사회보장협의체 · 동제주종합사회복지관이 공동 주관하여 2023년 10월 개최된 '소소한 마을 나눔축제'입니다. 행사는 지역 주민들이 재능기부로 참여하는 통기타 연주, K-pop댄스, 가야금 연주 등 9팀의 문화 공연행사와 지역 단체에서 기부금 마련을 위한 15개 부스 운영으로 진행되었으며, 구좌읍 플리마켓 모모장도 함께해 축제의 분위기를 한껏 끌어 올렸다고 전해 들었습니다. 2023년 행사에서는 각 자생 단체 부스 운영 수익금과 행사 참여자, 주민 등의 기부로 6,528,000원을 모금하여 공동모금회에 전달했다고 합니다. 몇 년 전 추진되었던 행사를 코로나19 이후 재추진하자는 의견들이 모여 기획되었습니다. 나눔의 공동체 가치를 주민들과 공유하며 지역 주민들이 함께 만들어 가는 축제로 추진되어 큰 성공을 거두었다고 합니다.

구좌에서 근무하는 동안 구좌읍지역사회보장협의체의 특화사업으로, 동제주종합사회복지관과 함께하며 민·관 협력을 넘어 민·민 또는 민·관·민의 협력 체계를 구축할 수 있었습니다. 노인부터 아동·청소년 등 취약계층 지원뿐만 아니라, 평범한 지역 주민들이 우리 마을, 우리 읍을 위해 자발적으로 참여하는 나눔 문화 확산까지 다양한 사업 기획에 참여했습니다. 그리고 다양한 사업들이 성과를 내었다는 사실에, 제가 그 과정에 함께할 수 있었다는 기억이 영광스러운 추억으로 남아있습니다. 구좌읍지역사회보장협의체 제4기 오순덕 위원장님과 5기 김성익 위원장님께 감사의 말씀드립니다.

마지막으로 2023년 7월부터 6개월간 함께한 이호동지역사회보장협의체의 이야기를 말씀드리겠습니다. 짧은 시간이었지만 좋은 경험으로 가득 찬 이호동지역사회보장협의체입니다. 제가 근무하는 동안 추진되었던 특화사업은 크게 3가지입니다.

먼저 1인 가구 고독사 예방을 위한 '클린케어 톡톡 밑반찬 지원사업'입니다. 월 1회 이호동지역사회보장협의체의 정례회의가 열리는 날, 정례회의 전·후 관내 결연 가구에 밑반찬과 생활용품을 전달하며, 안부확인을 진행하는 사업입니다. 결연 가구는 이호동지역사회보장협의체 위원님들이 발굴한 가구로, 동네에 어려운 이웃들을 스스로 발굴해 내고 책임감 있게 사업에 임해 주셨던 위원님들의 모습이 지금도 생생히 기억납니다. 이 사업은 제주특별자치도에서 권역별 종합복지관 지정 시, 제주시 이호동의 매칭 기관으로 아라종합사회복지관이 정해지면서, 함께 추진했던 사업입니다. 아라종합사회복지관은 기존 아라동 외 외도동·도두동·이호동을 맡게 되어, 이호동과 도두동 경계에 외도리복지센터를 설립했습니다. 이곳에서는 1인 가구 지원 사업·공동사례관리 등의 다양한 업무를 이호동주민센터와 함께 추진했습니다. 외도리복지센터에서 월 1회 회의를 개최하며, 외도동·도두동·이호동 담당 직원들과 열정적으로 업무에 임했던 아라종합사회복직관 허재진 팀장을 비롯한 직원들이 기억에 남습니다.

그리고 동절기 김장철을 맞아 이호동 적십자봉사회와 함께 저소득 독거노인, 한부모 등 취약계층에 직접 담근 김장 김치를 전달했던 '손맛 듬뿍 정성 가득 행복넘치는 이호사랑의 김치' 행사를 추진했습니다. 더불어 12월 연말 크리스마스이브에 지역 내 아동·청소년에게 선물(케이크, 귤)을 전달하는 '돌코롬한 케이크, 또똣한 세상, 달콤한 케이크 나눔 행사'를 수년 동안 개최하여, 이호동 아동들의 지역 자긍심 고취에 이호동지역사회보장협의체가 앞장서는 모습을 보였습니다. 2023년 상반기에는 이호동 자생 단체와 함께하는 방충망 교체, 주거 환경 정비 등의 취약계층 주거 환경 개선 사업, 가정의 달 5월을 맞이하여 홀로 사는 어르신 대상 떡 나눔 행사를 추진했다고 알고 있습니다 . 인구 4천 명의 작은 동, 이호동은 제주시 내 26개 읍·면·동 중 우도 및 추자도의 도서 지역을 제외하면 도두동에 이어 2번째로 작은 인구수의 동입니다. 인구수와 관련 없이 이웃이 이웃을 사랑하는 마음, 우리 동네·우리 지역을 챙기는 마음은 똑같다는 것을 배울 수 있었습니다. 아니, 이호동지역사회보장협의체의 그 열정이 정말 대단했다고 기억합니다.

보통 특화사업의 경우 종합사회복지관을 통해 기획·신청·집행 및 결산하는 사례가 많이 있습니다. 그렇지만 이호동의 경우 2023년을 기준으로, 1인 가구 고독사 예방을 위한 '클린케어 톡톡 밑반찬 지원사업'의 경우만 아라종합사회복지관이 사업 주체가 되었습니다. 그 외 사업들은('가정의 달 떡 나눔 행사', '손맛듬뿍 정성 가득 행복넘치는 이호사랑의 김치', '돌코롬한 케이크, 또똣한 세상, 달콤한 케이크 나눔 행사') 이호동지역사회보장협의체가 주체가 되어 추진했습니다. 사업의 주체가 된다는 것은 여러 가지로 신경 쓸 일이 많다는 것을 의미합니다. 그렇지만 다양한 특화사업 논의와 활발한 사업 참여 등 이호동지역사회보장협의체는 지역 복지 증진에 최선을 다했습니다. 이호동지역사회보장협의체 제4기 박재현 위원장님과 5기 김영일 위원장님에게 감사함을 전합니다.

이제 제가 만나봤던 읍·면·동 지역사회보장협의체의 이야기를 마무리하겠습니다. 제주시 4개의 읍·면·동 지역사회보장협의체를 만나면서 각 지역의 특색에 맞는 특화사업을 추진한다는 인상도 있었지만, 공통으로 지역주민의 삶의 질 향상과 취약계층 지원에 앞장선다는 봉사 정신이 깃든 태도로 열심히 활동하여 고맙다는 말, 꼭 이야기하고 싶습니다.

제주시 읍·면·동 지역사회보장협의체·서귀포시 읍·면·동 지역사회보장엽의체 등 전국 읍·면·동 지역사회보장협의체, 그리고 제주시 및 서귀포시 지역사회보장협의체 등 전국 시·군·구 지역사회보장협의체 여러분, "이웃이 이웃을 돕는다"라는 복지 마인드를 실천하고 계신 여러분들 사랑합니다. 복지사각지대를 발굴하고 취약계층을 돕는 여러분들이 진정한 우리 사회의 복지 리더이자 우리 지역의 촛불입니다. 더불어 읍·면·동 지역사회보장협의체의 공동위원장으로 활동하시는 전국 읍·면·동장님들의 복지에 관한 많은 관심을 부탁드리겠습니다.

제주시 구좌읍지역사회보장협의체 특화사업 '쿡팡' 발대식

제주시 구좌읍지역사회보장협의체 복지사각지대 발굴 캠페인

제주시 이호동지역사회보장협의체 특화사업 '이호사랑의 김치' 활동 사진

제주시 이호동지역사회보장협의체 특화사업 '클린케어톡톡 밑반찬 지원사업' 활동 사진

2장
사회복지사와 함께
밝은 미래를 향해

공공사회복지와 민간사회복지를 구분 짓는 분들이 있습니다. 각자의 영역은 상대방의 영역과는 다르다고 생각합니다. 그렇지만 저는 공공사회복지와 민간사회복지가 사회복지라는 같은 뿌리를 두고 있다고 생각합니다. 그래서 사회복지전담공무원으로 제주특별자치도 사회복지사협회에 가입했고, 연회비도 납부하고 있습니다. 저는 사회복지전담공무원으로 사회복지사 여러분들과 공통의 업무 영역과 직업의식을 공유하고 있다고 생각합니다.

그래서 여기서는 제가 근무하면서 협업했던 지역의 민간 사회복지사들의 이야기를 말씀드리고자 합니다.

제주시 한림읍에는 사회복지법인 한림소망의집 서부종합사회복지관이 있습니다. 2003년 4월 개관하여 20년이 넘는 역사가 있는 종합사회복지관입니다. 제주 서부종합사회복지관은 북부기초푸드뱅크 운영 외 크게 서비스 제공 기능, 사례관리기능, 지역조직화 기능이라는 3가지 기능의 사업을 수행하고 있습니다. 서비스제공기능사업에는 위기방임 아동청소년 지원 사업 등 가족기능강화사업과 어르신 사랑방 운영 사업 등의 지역사회보호사업이 있습니다. 더불어 다문화 가정이 많은 읍·면 지역의 특성으로 다문화 사회통합프로그램을 교육문화사업으로 운영하고 있습니다.

사례관리 기능의 사례관리 사업은 지역사회 내 복합적인 문제와 욕구를 가진 대상자에게 지역사회자원개발 및 연계를 통해 맞춤형 서비스를 제공하여 문제해결을 돕고, 자립지원을 도모하여 클라이언트의 역량 강화를 통한 자립을 지원합니다. 지역조직화기능사업에는 직원 사회복지 현장실습 등 복지네트워크 사업, 자원봉사자 교육 등 주민조직화 사업, 후원 결연 등 자원개발 및 관리 사업이 있습니다.

종합사회복지관의 기능과 역할은 비슷하므로, 다른 지역의 종합사회복지관도 공통적인 부분이 있습니다. 비교해 볼까요?

　제주시 구좌읍에는 사회복지법인 자현 동제주종합사회복지관이 있습니다. 2007년 4월 개관하여 20년 가까운 역사를 지녔으며, 제주시 조천읍에 분관이 위치하는 등 제주시 동부 지역 종합사회복지관 구심점 역할을 수행하고 있습니다. 제주 서부종합사회복지관과 마찬가지로 크게 서비스 제공 기능, 사례관리기능, 지역조직화 기능의 사업을 하고 있습니다. 몇 가지 특별한 사업을 소개하겠습니다.

　지역조직화기능사업의 복지네트워크 구축사업 중 구좌읍·조천읍·우도면 지역 주민들의 욕구조사를 통한 프로그램 개발 및 의견 수렴을 위한 지역사회 욕구조사가 있습니다. 그리고 구좌읍지역사회보장협의체 위원과 복지사각지대 독거 세대 간 1:1 결연을 통해 직접 가정을 방문하여 대형 빨랫감 수거 후 세탁 및 전달하는 과정을 거치며 안부확인·정서적 지지관계 형성을 통한 사회안전망을 형성하는 2022년 구좌읍지역사회보장협의체 특화사업으로 추진했던 뽀송뽀송한 이웃되기 사업이 민·민 협력사업으로 추진했습니다. 그리고 지역조직화기능사업의 자원개발 및 관리사업 중 1년 동안 복지관을 위해 자원봉사 및 후원을 해

주신 분들을 모시고 감사의 자리 마련을 매년 12월 마련하는 후원·자원봉사자의 날을 운영하는 것이 인상적이었습니다. 저도 2013년부터 적은 금액이지만 약 10년간 동제주종합사회복지관에 월 정기 후원을 하는 기부자였고, 후원·자원봉사자의 안내문을 받으면 자긍심이 고취되고 기분이 좋아지는 기분이 들었습니다.

그리고 제주시 아라동에서는 제주시에서 민간 위탁으로 운영하고 있는 아라종합사회복지관이 있습니다. 공모 결과 사회복지법인 제주특별자치도사회복지협의회가 최종 수탁 법인으로 선정, 2029년 7월 9일까지 5년간 위탁 운영하게 되었습니다.

아라종합사회복지관은 1992년 개관했습니다. 1992년이 가지는 의미는 바로 취약계층이 입주했던 영구임대아파트, 제주시 ○○아파트가 10개 동 696가구 입주한 시기하는 것입니다. 아라종합사회복지관의 위치도 ○○아파트 단지 내입니다. 2023년 3월 기준 ○○아파트는 644세대 10개 동 내 기초생활수급자 489세대(약 75%)가 거주하고 있습니다. 아라종합사회복지관도 종합사회복지관으로서 서비스 제공 기능, 사례관리 기능, 지역조직화 기능의 사업을 수행하고 있으며, 아라종합사회복지관의 특성이 담겨 있는 사업을 중심으로 말씀드리겠습니다.

사례관리사업 중 영구임대 ○○아파트 입주민들의 안정적인 주거생활 보장·자활촉진·사례관리등 다양한 복지서비스를 통해 입주민 삶의 질을 향상을 위해 도움을 주는 주거복지실현사업이 있습니다. 그리고 복지사각지대에서 사회적 보호가 필요한 소외계층을 중점 발굴하여 다양한 자원과 서비스를 연계·지원해 주는 민·관 협력사업 좋은이웃들 사업이 있습니다. 좋은이웃들 사업은 한국사회복지협의회 중심으로 전국적으로 시행되고 있으며, 제주시 아라종합사회복지관은 2017년부터 참여하여 2023년까지 제주도 내 유일하게 참여한 종합사회복지관입니다.(2024년부터 서귀포종합사회복지관 참여로 제주시 1개소 및 서귀포시 1개소 참여)

제가 저의 찾아가는 보건복지팀(前 읍·면·동 복지허브화 사업, 맞춤형복지팀) 팀원으로 활동하면서 읍·면·동 지역사회보장협의체 등 봉사단에 외 민·관협력, 지역 내 복지기관·시설들과의 네트워크 구축 등 지역복지 업무를 담당했었기에 저와 함께했던 종합사회복지관 관련 설명을 드렸습니다. 서부종합사회복지관 문은정 관장님, 동제주종합사회복지관 김지선 관장님, 아라종합사회복지관 권미애 관장님 등 소개된 종합사회복지관들의 관장님을 비롯하여 모든 직원이 행정과 힘을 합쳐 지역복지 발전을 위해 최선을 다해 주셨습니다. 진심으로 감사드립니다.

1990년대 · 2000년대까지 사회복지사 선배님들 사이의 농담으로, "누구나 알 수 있는 유명한 법인 소속이나 시설에서 근무하지 않는 사회복지사끼리 결혼하면 기초생활수급자가 된다."라는 말이 있었습니다. 사회복지사끼리 결혼 후 자녀 임신 및 출산하면 양육 과정에서 엄마 사회복지사가 육아휴직을 할 것이고, 남편 사회복지사의 월급만으로 홑벌이를 하기에는 3~4인의 생계비를 감당할 수 없다는 뼈 있는 농담입니다. 현재 보건복지부는 「사회복지사 등의 처우 및 지위 향상을 위한 법률」 제3조 및 시행령 제4조에 따른 사회복지사 등의 보수 수준에 관한 권고 기준인 사회복지시설 종사자 인건비 가이드라인을 매년 발표하고 있습니다.

제주특별자치도의 경우 사회복지사업법 제2조에 따라 사회복지사업을 행할 목적으로 설립된 사회복지시설로서 지방이양시설과 국고지원시설 모두 포함하여 적용하는 '도 사회복지시설 종사자 인건비 지원 가이드라인'을 제정했습니다. 이를 통해 시설 종사자의 인건비가 보건복지부의 권장 수준에 도달할 수 있도록 정책에 최선을 다하고 있습니다. 2013년 2월 사회복지시설(분권시설) 종사자 직급 및 보수체계 개선 지침 마련 후, 2015년 4월 국비지원시설 종사자의 인건비를 지방이양시설과 동일한 보수체계 및 직급체계로 개선하도록 하는 사회복지시설(국비지원시설) 종사자 인건비 지원 가이드라인 제정, 특히 2018년 1월에는 지방이양시설 및 국비지원시설 종사자 보수 수준을 100% 동일화하는 성과를 거두었습니다. 그리고 2023년 10월, 지방이양시설(분권시설)과 국비지원시설 가이드라인 지침을 통합 운영, 현행 연봉 개념의 가이드라인 급여 체계를 보건복지부 가이드라인 보수지급(기본급) 체계로 변경 및 공무원 수준의 시간외수당 지원단가를 근로기준법을 적용한 단가로 상향 조정했습니다.

그리고 제주특별자치도에서는 사회복지시설 종사자 대상 복지포인트 지급 사업을 시행하고 있습니다.

이 사업은 사회복지 종사자의 처우 개선을 위해 2019년 추가경정 예산으로 시행된 사업입니다. 2018년 10월 제주특별자치도 보건복지여성국장님으로 임태봉 국장님이 채용되시면서 도입된 제도 중 하나입니다. 그 당시 제주특별자치도 보건복지여성국장은 개방형 직위로 장애인복지 등 민간사회복지 현장에서 30년의 경력을 가지신 서귀포시장애인종합복지관 임태봉관장님이 국장님으로 오셨습니다. 민간사회복지 현장의 처우 개선을 위한 국장님의 노력으로 제주의 민간사회복지 현장은 예전보다 많이 나아졌다고 생각합니다.

개방형 직위를 통한 공직 외부 전문가의 정책을 바라보는 시선을 통해, 정책의 다변화를 촉구할 수 있었던 선례이며, 민선 7기 제주도정에서는 이렇듯 제주특별자치도 보건복지여성국장 및 장애인복지과장이 개방형 직위로 선정, 민간사회복지 현장 전문가들이 오시어 제주 사회복지 발전에 많은 기여를 했습니다. 이런 선례는 민선 8기 제주도정에서도 이어져 2024년 6월 기준 제주특별자치도 복지가족국장(조직 개편 후 사무 이관으로 국 명칭 변경)은 개방형 직위로 유지 및 민간사회복지 현장 전문가 국장님이 민선 8기 도정의 사회복지 정책들을 역동적으로 추진하고 있습니다.

민간사회복지 현장에서 뛰고 있는 사회복지사 여러분들에게, 진심으로 감사와 존경의 말씀을 전합니다. 공공사회복지와 비교 시 상대적으로 적은 보수 및 낮은 사회적 지명도, 복지대상자의 다양한 욕구, 과중한 업무량 등 어려운 여건 속에서도 최선을 다하여 근무하시는 민간 사회복지자분 들에게 큰 박수를 보냅니다.

2장
박수의 힘으로 따뜻한 사회 만들기

저는 가끔 아내와 서울로 올라와 뮤지컬 또는 콘서트를 관람합니다. 경제적으로 넉넉한 형편이 아니기에 맞벌이 생활을 하고 있으며, 더구나 우리 가족이 살고 있는 제주에서 서울로 움직이려면 많은 시간과 비용을 투자해야 하기에 쉬운 일은 아닙니다. 그렇지만 1년에 2~3번은 그런 기회를 가지고자 노력하고 있습니다. 콘서트 또는 가끔 뮤지컬에서 발생하는 이벤트로 앙코르 공연이 있습니다. 석 달 전 서울에서 관람했던 조정석 배우님 주연의 뮤지컬 '헤드윅'에서도 앙코르 박수에 배우님이 응해 주어, 신나게 즐겼던 경험이 있습니다. 꼭 앙코르 요청이 아니더라도, 콘서트 중간중간 또는 끝날 무렵의 박수, 그리고 뮤지컬이 끝나고 배우들의 열연에 답하는 관객들의 박수를 듣다 보면 묘한 감정이 들곤 합니다.

　관객 한 명의 박수의 세기는 어느 정도일까요? 관객석에서 박수를 한 명이 친다면 그 소리가 무대의 가수와 배우에게 전달될까요? 박수를 아무리 세게 친다고 한들, 한 명의 치는 박수와 그 박수에 담긴 에너지는 온전히 무대의 가수와 배우에게 전해질까요? 박수의 소리와 에너지, 그렇다면 '나'가 아닌 '우리'의 박수 소리와 에너지는 어떻게 다를까요?

　관객 1명에서 1명이 더해 2명으로, 2명이 10명으로, 10명이 100명으로, 100명이 1,000명으로, 1,000명이 10,000명으로, 그들의 박수갈채와 에너지는 어마어마하게 증폭되어 관객 서로에게 전달, 긍정의 기운을 발산시킬 것입니다. 그리고 가수와 배우에게도 에너지가 온전히 전달되어 더욱 열정적으로 무대에 임하는 선순환의 공연이 가능해질 것입니다. 그리고 무대를 마무리하는 자리의 박수라면 감동을 공유하고, 무대의 그들에게 다음 공연을 더욱 힘차게 준비할 수 있는 희망의 에너지를 전달하는 것입니다.

　저는 나눔 문화, 우리 사회가 따뜻한 사회로 나가는 것을 박수에 비유할 수 있다 생각합니다. 박수와 나눔은 선뜻 나서기 어렵다는 공통점이 있습니다. 귀찮습니다. 내가 왜 박수를 쳐야 하는지, 내가 어려운 사람들을 돕는다고 무엇이 달라지는가 라는 생각을 할 수 있습니다. 그렇지만 '나'가 아닌 '우리'의 박수 소리와 에너지는 다르다고 했습니다. 관객 한 명의 박수 소리와 에너지는 미약하지만, 그분들이 모여 공연장을 열광의 도가니로 만들 수 있습니다. 박수와 나눔의 또 하나의 공통점은 한 명에서 시작되어 점점 확산된다는 것입니다. 그리고 그 한 명의 시작은 앞서 말한 것처럼 어렵지만, 시작만 하면 전달이 쉽다는 점도 있습니다.

우리 사회의 나눔 문화, 박수의 힘으로 따뜻한 사회를 만들 수 있습니다. 저도 제주특별자치도사회복지공동모금회, 동제주종합사회복지관, 제주특별자치도장애인종합복지관 등에 기부를 했습니다. 제주특별자치도사회복지공동모금회는 11년 가까이 월 정기 기부를 하고 있습니다. 저는 경제적으로 넉넉한 형편이 아니기에 맞벌이하며 지내고 있습니다. 그리고 2021년 뇌경색으로 아버지께서 편찮으시면서 병원비 및 간병비 부담을 했었던 시기도 있었습니다. 그러나 그런 상황에서도 월 정기 기부는 멈추지 않았습니다. 소액이었기에 제가 지금까지 기부한 금액을 누군가에게 이야기할 정도는 아니지만, 저는 상황과 시기를 구분하지 않고 꾸준히 기부하는 나눔 문화에 동참했습니다.

왜냐하면 저 혼자의 나눔은 미약하겠지만, 저는 제주의 사회복지전담공무원이고 제가 나눔 문화 확산에 앞장선다면, 선한 영향력이 조금씩 확산되어 '나의 기부'가 아닌 '우리의 기부'가 될 것이라는 확신이 있었기 때문입니다. 선한 영향력은 우리 사회의 리더만 가능한 것이 아닌 저처럼 평범한 말단 공무원도 할 수 있습니다. 주저하지 마세요. 박수가 아닌 박수갈채는 긍정적인 에너지로 공연장을 선순환할 수 있듯이, 나눔이 아닌 나눔 문화가 희망적인 에너지로 우리 사회를 이웃이 이웃을 돕는 따뜻한 복지공동체로 조성될 수 있게 만들 것입니다.

사회 양극화 및 계층의 이동 사다리가 없어지는 계층의 고정화, 지역소멸을 걱정하는 저출산, 그리고 그로 인한 노동력 감소 및 고령화 사회로 이어지는 사회보장 재정의 문제 등 우리 사회는 많은 갈등의 원인을 내포하고 있고, 실제 갈등이 일어나기도 합니다. 청년층과 노년층의 갈등, IMF 이후 종신고용 형태가 사라지면서 양산된 계약직 등의 이유로 중산층의 약화 및 상류층과 저소득층의 갈등, 남녀 갈등 등, 수많은 갈등이 일어나고 잠재된 것이 현재의 대한민국이라 생각합니다. 물론 갈등이라는 것이 나쁜 것만은 아닙니다. 갈등이 일어나지 않는다면 그런 사회는 독재 국가라고 말할 수 있습니다. 민주주의 사회에서 갈등은 당연합니다.

그리고 이러한 사회적 갈등을 해결하고, 사회를 통합해 나가는 것이 사회보장제도가 나아가야 할 길이라고 생각합니다. 지금은 사회보장의 정의가 출산, 양육, 실업, 노령, 장애, 질병, 빈곤 및 사망 등의 사회적 위험으로부터 모든 국민을 보호하고 국민 삶의 질을 향상시키는 것이지만, 궁극적으로는 사회갈등 해결 및 통합으로 국가와 공동체 발전이라는 정의로 나아가야 합니다. 남녀 갈등 예방을 위한 양성평등 문화 확산 사업 추진, 기초생활수급자 및 차상위계층에게 자산형성지원 사업 등의 다양한 자립 지원 기회를 마련하여 계층의 사다리 이동 보장, 노소간의 갈등 예방 관련 사회적 합의를 통한 국민연금 개혁과 청년을 위한 사회보장 제도 확립 등 사회보장제도는 정치 · 경제 · 사회 · 문화의 다양한 사회적 영역을 담아내야 합니다.

그러나 자본주의 사회에서 발생하는 모든 문제를 사회보장제도에 전부 온전히 담을 수는 없습니다. 그러므로 국민의 사회 문제 참여, 의식 변

화가 굉장히 중요하다고 생각합니다. 아무리 좋은 사회보장제도가 있어도 국민 의식이 변화하지 않으면 허울에 불과합니다. 한 명의 박수는 약하지만, 여러 명의 박수갈채는 강하다. 여러분이 앞장서 박수를 치는 한 명이 되어 주세요. 내가 먼저 대한민국 국민으로서 공동체 정서 만들기라는 국민 의식 변화에 앞장섰으면 좋겠습니다.

기부내역 조회 및 영수증 신청

기부 내역을 확인하실 수 있습니다.

사랑의 열매 전체 기부내역　　　기부금 영수증 신청

기부자명(기업인 경우 기부 담당자명)과 기부시 입력했던 기부자의 휴대폰 번호가 변경된 경우 내역 조회가 안될 수 있습니다.
기부자분의 기부내역과 상이할 시 나눔콜센터(080-890-1212)로 연락주시면 확인해드리겠습니다.

기부 기간 (최초 기부일 ~ 최종 기부일)
2013.09.11 ~ 2024.07.16

총액
2,000,000원

작가의 사회복지공동모금회(제주) 기부 내역

■ 소득세법 시행규칙 [별지 제45호의2서식] «개정 2023.3.20»

일련번호	2022-0000937	기 부 금 영 수 증

※ 뒤쪽의 작성방법을 읽고 작성하여 주시기 바랍니다. (앞쪽)

❶ 기부자

성명(법인명)	김완월	주민등록번호 (사업자등록번호)	

❷ 기부금 단체

단체명	제주특별자치도장애인종합복지관	사업자등록번호(고유번호)	
(지점명)		(지점 사업자등록번호 등)	
소재지	제주특별자치도 제주시 516로 3120 (아라월동)	기부금공제대상 기부금단체 근거법령	소득세법 시행령 제80조 제1항
(지점소재지)			

※ 기부금 단체의 지점(분사무소)이 기부받은 경우, 지정명 등을 추가로 기재할 수 있습니다.

❸ 기부금 모집처(언론기관 등)

단체명		사업자등록번호	
소재지			

❹ 기부내용

코 드	구 분 (금전 또는 현물)	연 월 일	내 용			금 액
			품명	수량	단가	
40	금전	2021-06-24				350,000
합계						350,000

「소득세법」 제34조, 「조세특례제한법」 제58조·제76조·제88조의4 및 「법인세법」 제24조에 따른 기부금을 위와 같이 기부하였음을 증명하여 주시기 바랍니다.

2024년 07월 16일

신청인 김완월 (서명 또는 인)

위와 같이 기부금을 기부하였음을 증명합니다.

2024년 07월 16일

기부금 수령인 제주특별자치도장애인종합복지관 (인)

[210mm× 297mm][백상지 80g/㎡ 또는]

작가의 제주특별자치도장애인종합복지관 기부 내역

세상 사람들 모두가
행복한 그날을 위해

3장

현행 사회보장기본법에서는 사회보장을 이렇게 정의합니다.

출산, 양육, 실업, 노령, 장애, 질병, 빈곤 및 사망 등의 사회적 위험으로부터 모든 국민을 보호하고 국민 삶의 질을 향상시키는 데 필요한 소득·서비스를 보장하는 사회보험, 공공부조, 사회서비스를 말한다.

저는 사회복지라는 용어가 사회보장기본법 1995년 12월 30일 제정된 법률의 기본 이념과 비슷하다고 생각합니다. 이 당시 사회보장기본법의 기본 이념은 다음과 같습니다.

사회보장은 모든 국민이 인간다운 생활을 할 수 있도록 최저생활을 보장하고 국민 개개인이 생활의 수준을 향상시킬 수 있도록 제도와 여건을 조성하여, 그 시행에 있어 형평과 효율의 조화를 기함으로써 복지사회를 실현하는 것

최저생활을 보장한다, 형평과 효율의 조화, 그리고 사회적 위험(질병·장애·노령·실업·사망)의 정의가 현재와 달리 협의적입니다. 저는 이것이 시혜적 의미로 해석할 수 있으며 '사회복지'라는 단어를 접하고 느끼는 첫 이미지, 사회복지는 어려운 이웃을 돕는다는 의미와 연결된다고 생각합니다. 현재 사회보장기본법에는 IMF 이후 사회 양극화와 저출산·고령화라는 시대상을 반영하여 사회적 위험에 출산, 양육, 빈곤을 추가했으며 기본 이념도 개정되었습니다.

"사회보장은 모든 국민이 다양한 사회적 위험으로부터 벗어나 행복하고 인간다운 생활을 향유할 수 있도록 자립을 지원하며, 사회참여·자아실현에 필요한 제도와 여건을 조성하여 사회통합과 행복한 복지사회를 실현하는 것을 기본 이념으로 한다."

형평과 효율의 조화가 아닌 사회통합을 목적으로 하고 있습니다. 자아실현 등 최저생활의 보장을 넘어 보다 나은 인간다움 삶, 인권(시혜적 의미에서 권리로) 증진의 의미를 담고 있습니다. 그리고 사회보장을 통하여 사회적 갈등을 해결하고자 합니다. 이전보다 사회보장의 의미가 변했습니다. 한정적인 재원에서 가난한 이들에게 경제적 지원을 통한 최저생활 보장이라는 효율적·선택적 복지를 구현하는 것이 아닙니다. 사회참여 및 자아실현에 필요한 제도와 여건을 조성하여 사회통합과 행복한 복지사회를 실현하고자 하는 국가의 책무와 소명을 담아냈습니다. 한 가지 아쉬운 점은 출산·양육 및 빈곤을 사회적 위험에 추가한(2012년 1월 26일 전부 개정) 사회보장기본법이 2013년 1월 27일 시행되었으나 11년이 넘은 시점에도 여전히 저출산 문제를 해결하지 못하는 현실은 무척이나 가슴이 아픕니다.

이제 대한민국 중앙부처에서 시행하는 대표적인 사회보장제도를 소개하고자 합니다.

저소득층 보장제도에는 기초생활보장 맞춤형급여, 차상위계층(국민기초생활보장법 시행령에 의거 소득인정액이 기준 중위소득 50% 이하의 계층, 차상위장애인·차상위자활·차상위본인부담경감 및 차상위계층확인사업 해당), 저소득 한부모가족이 있습니다.

그리고 위기 상황에 신속한 지원을 바탕으로 하는 긴급지원사업, 장애인복지(장애인등록, 저소득층 장애인의 소득보전을 위한 장애인연금·장애수당 등) 사업이 있습니다. 요즘 사회의 화두 저출산 대응(첫만남이용권 등)과 영유아보육(부모급여, 보육료·유아학비 지원), 아동복지(아동수당, 아동학대 조사 등) 사업도 있습니다. 사회서비스 및 지역 사회서비스 투자사업(바우처)도 대표적인 사회보장 제도입니다. 고독사 예방과 복지사각지대 발굴 등의 찾아가는 보건복지 사업 외에도 많은 사업들이 보건복지부에서 추진되고 있습니다. 더불어 일·가정 양립의 가족 친화 및 양성평등 사업을 추진하는 여성가족부의 사업들도 있습니다.

그렇다면 지방자치단체별로 시행하는 자체 사업들도 있겠지요?

제가 근무하는 2024년 7월을 기준으로 제주특별자치도의 자체 사업들을 소개하겠습니다.

먼저 출산 장려 관련 제주 해피아이 정책이 있습니다. 제주 해피아이 정책은 첫째 아이 출산 시 50만 원을 현금으로 지원합니다. 둘째 아이 출산 시 무주택자는 주거 임차비 지원을, 유주택자는 육아 지원금을 5년간 지원하는 내용을 담고 있습니다. 생계가 곤란하지만, 부양의무자로 인해 제외·중지되는 저소득층 지원을 위해 특별생계비 지원 사업도 있습니다. 그리고 차량이 없는 중증장애인들의 이동권 보장을 위한 중증장애인 교통비 지원 사업이 있습니다. 또한 고령 어르신들의 소득 보전을 위한 만 80세 도래 노인 대상 장수수당 지원 사업을 소개할 수 있습니다. 여기까지는 민선 7기까지 제주특별자치도에서 시행되었던 사업들입니다.

민선 8기 제주도정에서는 아동수당 지원 종료 아동의 신체적·정서적 건강 증진을 도모하기 위한 아동건강 체험활동비 사업을 추진하고 있습니다. 2023년에는 시범사업을 추진했고, 2024년에는 초등학교 6학년까지 확대 시행하는 본사업을 시행하고 있습니다. 더불어 시력 교정이 필요하지만 경제적인 부담으로 어려움을 겪고 있는 저소득층 자녀(초·중·고 재학생 및 18세 미만 학교 밖 청소년 대상)를 위해 저소득 자녀 안경 구입비 지원을 하고 있습니다. 민선 8기 제주에서 특색 있는 복지사업들이 추진되어 보람 있었습니다.

최근 몇 년 전부터 사회보장기본법에 따라 중앙부처 및 지방자치단체에서 사회보장제도를 신설하거나 변경하는 경우, 보건복지부장관과 사전 협의가 의무화되었습니다. 사회보장제도의 무분별하고 경쟁적인 신설 및 변경을 막기 위한 사전 이행 절차로 생각을 해 봅니다. 보건복지부와의 협의는 복잡한 절차와 토론 등 많은 수고가 필요합니다. 앞서 이야기한 수많은 사업을 살펴보니, 국민과 제주도민의 복지 증진을 위한 중앙부처와 제주 공무원들의 수고가 느껴집니다.

대한민국의 사회보장 정책들이 기획 · 수립되었다면 정책의 집행이라는 단어로 표현될 수 있는 국민이 대한민국 복지를 체감할 수 있는 곳은 어디일까요? 바로 대민 행정, 현장 행정, 국민 복지의 최접점인 읍 · 면 사무소 및 동 주민센터입니다. 방금 말씀드린 현행 사회보장기본법상 사회적 위험과 관련지어 공공사회복지 만남의 장, 읍 · 면 사무소 및 동 주민센터의 풍경을 들여다볼까요?

2024년 7월 대한민국 이야기입니다. 결혼 6년 만에 귀한 아이를 낳아 출생신고를 하기 위해 동 주민센터를 찾은 부부가 있습니다. 아이를 가지기 위해 난임부부 시술비 지원 받았고, 출산 직후에는 산후 돌보미 사업으로 도움을 받았습니다. 이들 부부는 자녀의 출생 신고 후 첫만남

이용권과 부모급여 및 아동수당을 신청했습니다. 아이가 어린이집 또는 유치원 등원 시 보육료 또는 유아학비 변경 신청 안내도 받았습니다.

A 씨는 최근 실직을 하여 실업이라는 사회적 위험에 처해 있습니다. 안타깝지만 실업급여는 수령하지 못하는 상황입니다. 우연히 읍사무소를 방문 후 긴급지원를 신청했고, 소득 및 재산 기준에도 적합하여 신속하게 지원받았습니다. 전업주부 B 씨도 남편 사망 후 막막한 상황에서 보건복지부 콜센터 직원과의 상담으로 긴급지원(주소득자의 사망)사업을 지원받았습니다.

C 씨와 D 씨는 현재 월세방에 거주하는 고령의 노인 부부입니다. 자식들은 없으며 남편 C 씨가 운영하던 사업장이 경영 위기를 겪고 엎친 데 덮친 격으로, 가게가 문을 닫을 무렵 C 씨는 쓰러졌고 현재 뇌경색 후유증으로 뇌병변 장애인으로 등록되어 있습니다. 그리고 부인 D 씨는 신장이 안 좋아 매주 신장 투석을 받고 있습니다. 다행히 기초생활생활 수급자로 선정되어 기초생계급여, 기초의료급여, 기초주거급여를 지원받고 있습니다.

출산, 양육, 실업, 노령, 장애, 질병, 빈곤 및 사망이라는 사회적 위험과 그와 관련된 사회보장 제도, 그리고 사회보장제도가 실현되는 읍·면 사무소 및 동 주민센터의 모습을 그려 봤습니다. 사회적 위험이라는 것은 거대한 것이 아닙니다. 우리가 태어나고 삶을 마감하는 순간까지, 다양한 사회적 위험에 노출됩니다. 이제 우리의 일상과 사회적 위험은 같이한다고 말할 수 있습니다. 자그마했던 사회적 위험이 거대해지는 순간을 국가는 반드시 막아 내야 합니다. 즉 사회적 위험이 일상이 아닌 거대 악으로 변하기 전 국가는 신속히 개입해야 합니다.

또한 사회적 위기에 처한 국민들을 보호해야만 하는 것이 국가의 책무라고 생각합니다. 만약 사회적 위험에 처한 국민들을 국가가 외면한다면, 국민은 국가에 대한 신뢰를 저버리게 될 것이고 국민 갈등 증폭이라는 상황을 맞이하게 될 것입니다. 최악의 경우 국가와 사회는 대혼란에 직면하게 될 것입니다. 앞으로 대한민국의 사회보장제도가 국민을 사회적 위험으로부터 지켜내기 위해 더욱 세밀하게 설계되고 시행되며 국민 모두가 행복해지는 그날까지, 저도 최선을 다해 노력하겠습니다.

3장
가난에서도 피어나는 희망

국민기초생활보장법 목적은 아래와 같습니다.

법은 생활이 어려운 사람에게 필요한 급여를 실시하여 이들의 최저생활을 보장하고 자활을 돕는 것을 목적으로 한다.

사회복지의 날은 9월 7일입니다. 9월 7일이 어떤 의미를 지녔기에 사회복지의 날로 지정되었을까요? 바로 1999년 9월 7일 국민기초생활보장법이 제정된 날로 이를 기념하기 위해서 9월 7일을 사회복지의 날로 지정했습니다. (2000년 10월 1일 시행) 이렇듯 기초생활보장은 대한민국 사회복지에 매우 큰 변화를 불러일으켰으며, 중요한 위치를 차지하고 있습니다.

기초생활보장의 전신은 생활보호제도입니다. 어르신들이 사용하는 표현 중 '생활보호대상자'라는 단어가 생활보호제도에서 지원을 받는 대상자를 의미합니다. 생활보호법의 보호 대상의 범위는 65세 이상, 18세 미만의 아동, 임산부, 장애로 인한 근로무능력자 등으로 정의합니다. 쉽게 말해서 노동 능력이 없는 경우에만 신청도 가능하고 보호받는 대상자가 될 수 있다는 이야기입니다. 특히 현금 급여의 경우가 그랬습니다. 해방 및 6·25 전쟁 이후 1960년대까지 대한민국은 하루 세 끼를 먹을 수 있을까 걱정하는 가난한 나라였습니다. 그러나 대한민국은 한강의 기적을 이루어 내며 1990년대 중반에는 선진국의 반열에 올랐다고 자평할 수 있는 나라가 되었습니다. 경제성장기 근로 의지가 있는 건강한 청년이라면 누구나 취업을 할 수 있었고, 가난한 이들은 노인, 미성년자, 임산부, 장애인 등 근로능력이 부족하여 나라에서 보호해 주어야 하는 생활보호대상자로 지칭했습니다. 누구나 노력만 하면 중산층에 진입할 수 있었기에 가난의 책임은 온전히 개인에게 있었습니다.

그러나 개인이 아무리 열심히 노력하여도 사회 구조 자체가 균열이 생긴다면 누구나 실업과 가난에 직면하게 된다는 뼈아픈 경험을 겪게 되는데 그것이 바로 IMF입니다. 1997년 말 닥친 외환위기, 이른바 IMF 사태는 그야말로 충격이었습니다. 한 직장에 퇴직까지 다닌다는 정년 고용의 문화는 유연한 노동 시장의 접근이라는 명목 아래 계약직의 도입으로 사라졌습니다. 나만 해고당한 게 아니라 내가 다니고 있었던 회사가 부도난 상황으로 다량의 실업자가 거리에 발생하였습니다.

사람들은 생각했습니다. 개인이 많은 노력을 기울여도 사회 구조가 균열되고 붕괴한다면 연령·장애·건강이라는 사회적 기준 없이 모두가, 누구나 가난이라는 어려움에 처할 수 있다는 생각이 들었습니다. 보완된 최후의 사회안전망이 필요하다는 생각에 시민단체와 정치계가 협력하는 등 사회적 합의를 통한 국민기초생활보장법이 제정 및 시행되고 생활보호법은 폐지되었습니다.

국민기초생활보장법은 사회보장급여를 신청하고(수급권자) 지원을 받을 수 있는 경우(수급자)를 국민 누구나로 정의했습니다. 인구학적인 조건의 생활보호제도와의 가장 큰 차이로 가난을 개인의 책임으로만 정의하는 것이 아닌 국가의 책임도 인정하여 누구나 신청할 수 있는 **최후의 사**

회안전망의 기능을 부여했다는 것입니다. 경제적으로 어려운 국민을 보호해야 하는 시혜 대상자로 보는 시각이 아닌, 경제적으로 어려워진 국민이 나라에 도와달라 이야기할 수 있는 권리(수급권자:사회보장급여를 제공받을 권리를 가진 사람)를 도입하면서 대한민국 사회보장제도를 변화시켰습니다.

그렇다면 근로 능력이 있는 대상자가(젊은 성인으로 질병 또는 장애가 없는 경우) 국민기초생활보장 수급자로 선정되면 현금성 급여 생계급여를 어떻게 받게 될까요? 자활 사업에 참여하는 것을 조건으로 하는 조건부 수급자로 생계급여를 받을 수 있게 했습니다. 그러므로 기초생활보장은 생활보호에 비하여 조금 더 자립과 자활에 초점을 맞춘 제도라고 볼 수 있습니다. 실제 조건부 수급자로 다양한 자활 사업에 적극적으로 참여하시는 분들도 저는 봤습니다. 그렇지만 빈곤의 덫, 빈곤의 악순환이라는 말처럼 한번 기초생활수급자로 선정되면 탈수급 하기 쉽지 않은 것이 현실입니다. 근로 능력이 있는 가구의 탈수급 의지가 충만하지 않음을 말씀하시는 분들도 있습니다만 저는 조금은 생각이 다릅니다.

맞춤형급여 도입 전 기초생활보장의 특징은 한 마디로 'all or nothing'입니다.

기초생활수급자로 선정되면 현금성 급여 또는 그 외 여러 가지 지원이 가능했지만, 선정 기준선을 초과하는 순간 모든 지원이 중단되었습니다. 부양능력 판정 등 부양의무자 조건도 현재 기준에 비하면 엄격했기에(2024년 7월 기준 기초생활보장 주거급여 및 교육급여 부양의무자 기준 폐지, 생계급여의 경우 부양능력 판정 폐지 등 부양의무자 기준 폐지되었으나 부양의무자가 연 소득 1억 원(월 소득 834만 원) 또는 일반재산 9억 원을 초과하는 경우는 생계급여 대상에서 제외함, 의료급여는 부양능력 판정 반영) **많은 중지**(사회보장급여를 지원받는 수급자가 사회보장급여 자격이 박탈되는 경우)·**제외**(수급권자, 즉 사회보장급여 신청자가 부적합 결과를 통보받는 경우)가 있었습니다. nothing이라는 상황을 회피하기 위한 소득 과소신고 사례 및 수급(권)자는 생계 곤란을 겪고 있지만 부양의무자[3]로 제외(중지)되는 경우들도 있었습니다.

이와 관련하여 탈수급 독려를 위해 기초생활보장의 대표적인 급여를 4가지로 구분하고, 급여별 선정 기준선을 달리하는 맞춤형급여로 제도가 개편되었습니다. 2024년 7월 기준으로 말씀드리겠습니다. 근로능력 여부·연령 등에 관계없이 국가의 보장을 필요로 하는 급여종류별 최저보장수준 이하의 모든 가구를 지원 대상으로 하며, 소득의 발생·증가

---

3 수급(권)자의 1촌의 직계혈족 및 그 배우자(단, 사망한 1촌의 직계혈족의 배우자는 제외)

또는 재산 가액의 증가 · 취득 등으로 소득인정액이 변동되는 가구 여건에 맞는 급여별 선정 기준선을 도입했습니다. 예를 들어 가구의 소득인정액이 생계급여의 선정 기준선을 초과하여 중지(제외)되어도 선정 기준선에 적합한(의료급여 · 주거급여 · 교육급여) 급여를 보장하는 것입니다.

급여 종류별 선정 기준입니다. 생계급여 기준 중위소득 32% 이하 의료급여 기준 중위소득 40% 이하, 주거급여 기준 중위소득 48% 이하, 교육급여 기준 중위소득 50% 이하입니다. 즉 보장 가구의 소득인정액(소득평가액 + 재산의 소득환산액)이 선정 기준선에 진입하고 부양의무자 조건에 적합하면 기초생활수급자로 보장받을 수 있습니다. 생계급여의 지원은 기준 중위소득 32%에 해당하는 금액과 가구의 소득인정액과의 차액을 현금으로 지급하며, 근로능력 판정에 따른 조건부 수급자로 지원 시 자활 사업에 참여하게 됩니다. 의료급여는 근로능력 유무에 따라 1종(근로무능력 가구), 2종(근로능력가구)으로 구분하여 의료비 감면 지원을 받습니다. 주거급여는 지역마다 국토교통부 장관이 정하는 기준에 따라 지급 월 차임 및 보증금 관련 임차료를 지원받게 되며, 교육급여는 초중고 학생에게 교육부 장관이 정하는 기준에 따른 입학금 · 수업료 · 교육활동지원비를 지원합니다.

빈곤의 덫은 사회적 구호 대상인 저소득층의 소득이 증가하면 기존에 누리던 각종 사회 보장, 세제 혜택 등의 정부 지원을 받을 수 없게 돼 결과적으로 빈곤에서 벗어나지 못하는 사회 시스템상의 모순을 가리키는 말입니다. 어떠한 측면에서 보자면 근로 능력이 있는 가구의 탈수급 의지가 약하다는 것이 사실입니다. 그러나 이것이 빈곤의 덫이라는 현상 원인의 전부를 차지한다고 생각하지는 않습니다. 요즘은 대학을 갓 졸업하여 건강하고 똑똑한 친구들도 양질의 일자리를 가지기는 쉽지 않습니다. 불경기이다, 실업자가 많다, 구직이 쉽지 않다. 이런 말들은 제가 성인이 되고 계속하여 해마다 들었습니다. 경제가 호황이다, 실업률이 떨어졌다는 것과 같은 이야기는, 제가 더 나이가 들기 전에 너무나 듣고 싶은 이야기입니다.

그리고 사회 양극화 관련입니다. 대기업은 양질의 일자리 중 최고이자 소수에 불과합니다. 대한민국 경제의 대다수를 차지하는 중소기업은 사장님도 어렵고 직원도 힘든 괜찮은 일자리로 불리기에는 힘든 상황입니다. 가난한 사람이 대기업 또는 중견기업에 취직, 아니면 창업을 할 수 있을까요? 가난한 사람이 구할 수 있는 일자리는 매우 질 낮은 일자리뿐이고, 사회보장 지원은 까다로우니 질 낮은 일자리를 얻으려고 수급권을 포기하기가 두려울 것입니다.

　예를 들어 사별을 하고 중견기업을 운영하던 40대 후반의 사장님이 건강 악화로 오랜 기간 동안 투병 생활을 하게 되었습니다. 암이라는 병으로 두 아이들의 부모를 모두 보낼 수 없기에 재산 및 사업장 처분 등으로 고액의 비급여 항암 치료비 등 병원비를 감당했습니다. 고등학생 자녀의 학비까지는 해결했지만 이제 남은 재산은 없고 초등학생인 막내가 있습니다. 다행히 고등학생의 첫째는 공부를 잘하여 장학생으로 서울에 있는 대학을 입학했고, 아르바이트를 하여 생활비를 충당하겠다고 했습니다. 그러나 초등학생인 막내 자녀를 두고 살길이 막막했습니다. 대기업을 다니던 똑똑한 친구들도 명예퇴직 후 퇴직금으로 치킨 가게를 운영하고 있었기에 손 벌릴 만한 사람도 없었습니다.

　건강을 조금씩 찾은 사장님은 취업하고 싶었습니다. 그러나 사무직 근무는 젊은 친구들이 차지했고, 기술도 없었습니다. 암 발병 후 5년간은 건강 관리가 필요하기에 힘든 일용근로도 어려웠습니다. 결국 사장님은 기초생활수급자 신청을 했습니다. 그리고 부모님도 돌아가신 상황으로 가구의 소득인정액이 급여별 선정기준선 이하 및 부양의무자 조건에 적합하여 4가지 급여를 보장받게 되었습니다. 그러나 사장님은 막막

합니다. 나이는 먹어만 가는데 집은 월세로 살고 있고, 일은 하고 싶지만, '돈을 모아 과연 예전의 삶으로 돌아갈 수 있을까?' 하는 걱정이 앞섭니다. 암이라는 병을 치료하기 위해 내가 평생 일궈온 재산을 모두 소진했습니다. 나도 잘 나가는 사장님이었는데, 지금의 나는 나라의 지원이 없이도 살아갈 수 있을까? 라는 고민을 하고 있습니다.

빈곤의 덫. 소득이 증가하면 사회보장 지원이 중단되어 빈곤에서 벗어나지 못한다는 이야기입니다. 빈곤의 덫을 해결하려면 저소득층이 구할 수 있는 양질의 일자리 문제, 사회 양극화 등 사회 구조의 점검과 해결책이 필요하다고 생각합니다.

> 3장
> 어려운 곳을 밝혀 주는
> 우리 이웃들의 등대

공무원에는 지방직과 국가직이 있습니다. 사회복지전담공무원, 즉 사회복지직렬은 대부분 지방직 공무원입니다. 국가직공무원은 5급 공개경쟁채용시험(前 행정고시)에서 5급(사회복지사무관)을 채용하는 경우 외 사회복지 직렬 채용은 없습니다. 사회복지직렬이 일선 현장에서 지역 주민들과의 접점이 많고 지역복지가 발전하면서 국가복지가 발전하는, 상향적 복지 발전을 대한민국이 지향하는 것이 이유라고 생각합니다. 지방직 공무원은 우리가 흔하게 접할 수 있는 읍·면사무소 또는 동주민센터(행정복지센터)에서 근무하는 공무원입니다. 주민등록증을 만들거나 등·초본을 발급받거나, 자동차세를 납부하는 등 우리의 일상과 밀접한 관련이 있는 공무원들입니다.

국가직 공무원과의 차이점은 국가직 공무원은 부처 배치 후, 배치받은 부처에서 지방직 공무원에 비하여 상대적으로 오랜 시간 근무합니다. 인사혁신처 사이버국가고시센터 누리집만 방문해도 국가직공무원들의 부서 배치 현황을 알 수 있습니다. 예를 들어 제가 국가직 일반행정직 9급 전국 배치로 합격되었다면 저는 국토교통부, 해양수산부, 농림축산식품부 등에 배치될 수 있습니다. 부처 내에서 다양한 실·국·과에서 움직이며 근무를 하지만, 제가 농림축산식품부 직원이면 농림축산식품 관련된 일을 주로 하게 됩니다.

　지방직 공무원은 다릅니다. 지방직은 기초지방자치단체 또는 광역지방자치단체가 하나의 작은 정부와 다름없고, 실·국이 하나의 중앙부처입니다. 제주특별자치도청 복지가족국은 보건복지부 및 여성가족부의 일부 역할을 담당하고 있습니다. 그러므로 종합행정을 수행해야 하는 지방직 공무원의 고충은 매우 크다고 할 수 있습니다. 인수인계 기간이 아무리 넉넉하다고 할지라도 분야 자체가 완전히 다른 업무를 담당할 수 있기 때문입니다.

　다행히 제 경우처럼 사회복지직렬은 사회복지 업무를 전담으로 수행하기에 사회복지 분야 내에서 업무를 맡게 되고(노인, 장애인, 양성평등, 저소득층, 지역복지, 영유아복지, 아동복지, 청소년복지, 일가정 양립의 가족친화 등) 복지와 관련된 부서로 인사 배치가 한정적입니다. 그래서 종합행정을 수행하는 지방직 행정직렬 분들이 어려움을 겪는 경우가 많습니다. 지방직 행정직렬을 지방행정+직급으로 표현합니다. 예를 들어 오늘 제주특별자치도청 복지가족국 노인복지과에서 노인복지 업무를 담당하고 있는 지방행정주사보(7급) △△직원은 인사예고 및 인수인계 기간을 거치어 2주 뒤 제주특별자치도청 농축산식품국에서 감귤 관련 업무를 담당하게 되었습니다. 지방직 공무원 10년 경력 동안 감귤 업무는 처음 맡게 되었습니다.

앞서 말씀드린 예시처럼, 지방직 행정직렬 분들도 사회복지 관련 부서에 배치되어 사회복지 업무를 맡게 될 수도 있습니다. 실례로 제 아내는 제주시 소속 지방행정주사보(7급)로 모 동주민센터에서 근무 시 사회복지팀에 배치받고, 민원대에서 내방 민원들과 상담 및 기초의료급여 · 기초교육급여 · 정부양곡 · 저소득한부모가족지원 · 초중고교육비지원사업 · 아동복지(아동급식 · 아동행복지원 사업 등) 등 다양한 복지 업무를 수행했습니다. 처음 하는 복지 업무에 아내는 어려움을 겪어 고생도 많았고, 업무 5개월 차에는 며칠간 병원에 입원하는 등 건강에도 무리가 오는 등

스트레스도 받았지만, 맡은 바 소임을 다하여 보건복지부 장관 표창도 받았습니다. 제가 많이 도와주지 못하여 지금도 미안한 마음이 가득할 따름입니다.

지방직 행정직렬 분들이 사회복지 업무를 기피하고 어려워한다는 이야기들이 있습니다. 앞서 말씀드린 사회보장제도의 경우처럼 생각보다 사회복지업무가 상대적으로 광범위하고 경제력 평가 방식 등에 있어 제도 설계가 고도화되어 있습니다. 더불어 타 업무에 비하여 취약계층과의 밀도 있는 상담이 필요한 것이 원인으로 생각됩니다. 그럼 기초생활보장·차상위계층·기초연금 등 대한민국의 각종 공공부조의 경제력 평가 방식으로 사용되는 소득인정액이라는 용어의 의미를 알아볼까요? 소득인정액은 사회보장급여를 신청하러 오신 분들이 가장 궁금해하는 사회보장 급여 책정 여부를 가늠하는 질문의 답과 밀접한 관련이 있지만, 쉽게 대답할 수 없는 복잡하고 정교한 경제력 평가 방식입니다. 소득이 얼마 이하이면, 재산이 얼마 이하이면 기초생활수급자가 되는지, 기초연금수급자가 되는지 이런 물음에 소득인정액의 개념을 이해하기 전에는, 저도 대답하지 못하고 무척 애를 먹었던 기억이 있습니다.

기초생활보장과 생활보호와의 가장 큰 차이로 가난을 개인의 책임으로만 정의하는 것이 아닌 국가의 책임도 인정하여 누구나 신청할 수 있는 최후의 사회 안전망으로서의 기능을 부여했다는 것을 앞서 말씀드렸습니다. 기초생활보장 관련 수급권자를 설명해 드렸지요? 이것은 다른 사회보장제도에서도 마찬가지입니다. 예를 들어 기초생활보장의 수급권자는 누구나, 기초연금의 수급권자는 만 65세 이상의 노인입니다. 즉 수급권자는 사회보장급여를 제공받을 권리를 가진 사람을 말합니다. 그리고 수급자는 사회보장급여를 받고 있는 사람을 의미합니다.

추가적으로 기초생활보장과 생활보호제도의 차이점으로 소득인정액의 도입이 있습니다. '소득인정액'은 무엇일까요? 소득인정액이란 가구의(가구의 정의는 기초연금 등 사회보장제도마다 별도 정의) 소득평가액과 재산의 소득환산액을 합산한 금액을 말합니다. 소득인정액의 사회보장제도의 선정 기준선(또는 선정 기준액) 이하에 진입하면(기초생활보장 및 차상위본인부담경감사업은 추가적으로 부양의무자 조건 필요), 책정이라는 표현과 함께 지원을 받습니다. 선정 기준선 초과 경우 신규 신청의 경우 제외, 기존 수급자의 경우 중지라는 표현을 사용합니다.

자 그럼, 생활보호제도에서 간단했던 소득과 재산의 평가 방식이 왜 기초생활보장에서는 소득인정액이라는 복잡한 경제력 평가 방식으로 바뀌었는지 말씀드리겠습니다. 생활보호제도에서는 소득과 재산이 평가 방식은 절대 평가였습니다. 예시의 시기는 1990년대 초반입니다. 신장 투석으로 건강이 안 좋아 소득 활동을 못하시는 80세의 a라는 할머니는 21평짜리 자가를 소유하고 있습니다. a할머니의 친구 b할머니는 동갑이지만, 다행히 건강하여 가끔 건물 청소 일을 하며 한 달 평균 20만원의 소득이 있고, 20평의 자가를 소유중입니다. 생계가 곤란하고 연령이 기준이 충족되면(65세 이상, 18세 미만 등) 생활보호제도를 신청할 수 있다는 이야기에 동사무소를 방문하여 생활보호제도를 두 분의 할머니가 신청했습니다. 자 그럼 생활보호대상자로 보호받게 된 어르신은 누구일까요?

건강이 안 좋아 소득 활동을 못하시는 A 할머니를 나라에서 도와드리는 게 맞다고 생각하시겠지만, 사실 생활보호대상자는 B 할머니가 되었습니다. 생활보호보제도는 소득과 재산의 기준이 절대평가였습니다. 쉽게 예를 들자면 생활보호제도에서는 월소득 20만 원 이하, 자가의 겨우 20평 이하를 소유한 경우 생활보호대상자가 되었습니다. 너무 간단

합니다. 그러나 그 간단한 방식이 젊었을 적 열심히 돈을 벌어 21평짜리 집을 마련했고, 지금은 몸이 편찮아 소득 활동을 못하는 A할머니에게는 국가와 사회의 도움으로 전달되지 못했습니다. 단지 집이 1평 초과되었다는 이유로 말입니다. 이렇듯 생활보호제도에서는 소득과 재산의 기준이 절대 평가이므로 상대적으로 신청하시는 분들의 제도 파악은 쉬웠지만, 제가 말씀드린 예시처럼 복지사각지대가 존재했던 제도였습니다.

이에 기초생활보장에서는 소득인정액이 도입되었습니다. 선정 기준 합리성 및 급여 지급의 형평성 제고를 위해 종전의 소득·재산 기준을, 소득인정액(재산을 소득으로 환산하는 등) 제도로 변경하는 것은 고도화되고 정교화된 작업이었습니다. 그래서 제도 유예 기간을 두어 2003년 1월 1일부터 시행했습니다. 소득인정액의 근본적 개념은 가구의 소득평가액과 재산의 소득환산액을 합산한 금액입니다. 이 책에서는 기초생활보장에서의 소득인정액 개념을 독자 여러분들이 쉽게 이해할 수 있도록 부록에서 다루었습니다.

소득인정액은 사회복지전담공무원조차 사회복지업무 중 공공부조 관련 통합 조사·관리 업무를 맡지 않는 이상 이해하기 어려운 개념입니다. 한편 국민기초생활보장 맞춤형 급여를 포함 사회보장급여를 신청하시는 분들에게는 급여의 기준과 경제력 평가 방식이 중요하기에 제가 이 도서에서 다루게 되었습니다. 생활보호제도에서 소득 활동이 전무하고 건강이 편찮으신 A 할머니는 주거용 재산 반영으로 기초생활보장에서는 생계급여 등의 여러 급여를 받는 수급자가 될 수 있었습니다. 소득은 없지만 평생 일궈온 집 하나 보유하고 있는 어르신의 예를 들어, 기초생활보장에서의 소득인정액 도입 이유를 설명했습니다.

기초생활보장의 도입 이후, 제도 자체도 수없이 많은 변화를 겪었습니다. 2024년 10월이면 제도 시행, 만 24년으로 성년을 훌쩍 넘는 세월을 보내며 대한민국의 대표적인 공공부조 제도로 자리매김했습니다. 급여별 선정 기준선을 달리하는 맞춤형급여 도입, 부양의무자 조사 폐지 등 부양의무자 조건의 지속적 완화, 일반재산 적용 자동차 확대 등 기초생활보장은 촘촘한 복지안전망 구현과 두터운 취약계층 지원을 위해 보수와 진보라는 정부 특성과 상관없이 제도 확대라는 일관된 정책 기조를 보여 왔습니다. 대한민국 최후의 사회 안전망으로서의 기능을 다하고 있습니다.

기초생활보장 외 공공사회복지업무의 업무 처리 절차는 어떻게 될까요? 2024년 사회보장급여 공통업무 안내에서 발췌한 사회보장급여 업무 처리 절차 중, 사업별 업무 처리 절차의 표를 부록에서 안내하겠습니다.

2010년 전에는, 즉 2009년까지는 국민기초생활보장 등 각종 공공부조 제도의 조사 및 관리 업무를 읍·면·동 사회복지업무 담당 직원들이 수행했고, 시청에서는 책정과 급여 지급을 담당했습니다. 여기서 한 가지 단점이 생겨나기 시작했습니다. 읍·면·동 사회복지업무 담당 직원들이 사회복지전담공무원으로 읍·면·동별 1~3명에 불과했으며, 장애인복지·노인복지·저소득한부모가족복지·영유아복지(이 당시 어린이집 보육료지원 사업은 무상보육이 아닌 소득·재산 조사 후 지원 여부를 결정하는 시스템) 등 다양한 업무를 수행하고 있기에, 공공부조 조사·관리가 필연적으로 사각지대가 생기는 구조였습니다. 더불어 사람이 처한 상황을 법령과 지침이 모두 담을 수는 없었습니다, 지침 해석이 읍·면·동 담당자마다 다른 경우가 발생하면서, 공공사회복지의 신뢰성이 하락하기 시작했습니다. 더불어 전산 시스템도 사회보장급여별로 카테고리가 정리되어 있었고, 수기로 작업하는 경우도 많아 담당자의 불편이 컸습니다.

이에 2010년 행복e음이라는 전산 시스템을 도입했고, 공공부조의 업무 체계를 개편했습니다.

읍·면·동에서는 초기상담·신청·접수 업무로 가정 방문 등 복지체감도 증진에 힘쓰고, 시·군·구에서는 통합 조사관리팀을 운영하여 통합조사팀에서는 사회보장급여 수급권자의 소득·재산조사, 통합관리팀에서는 사회보장급여 수급자의 소득·재산 변동 조사를 담당하여 행정의 재량권 내 통일된 업무 처리 지침을 적용했습니다. 이를 통해 공공사회복지의 공정성과 신뢰성을 높였습니다.

그리고 행복e음이라는 전산시스템을 통해 공공부조별 분리되어 있던 소득재산 조사표를(예: 기초생활보장 조사표와 기초노령연금조사표 개별 존재) 하나의 소득재산 조사표, 즉 통합조사표로 구현하여 한 개의 통합조사표만 조회해도, 그 사람의 관련된 모든 공공부조의 내용을 파악 가능토록 구현했습니다. 공적자료의 자동화 조회 기능을 강화하여(담당 공무원의 검토 후 반영) 업무 처리 부담을 줄였습니다. 읍·면·동의 초기상담·신청 및 접수 업무, 시·군·구의 통합조사관리 업무, 행복e음 전산 시스템은 현행도 유지되고 있는 공공사회복지 업무 처리 구조입니다.

사회복지업무는 어려운 사람들을 돕는 것이다….

맞습니다. 근본적인 사회복지업무의 정체성을 한마디로 정의 내리면 그렇게 말할 수 있습니다. 그러나 세금으로 운영되는 복지재원의 특성상 투명하고 공정하며 객관적으로 어려운 사람들을 도와야 하는 것이 공공사회복지업무의 책무입니다.

과다한 업무로 인한 야근·휴일의 초과근무, 고도화·정교화되었다고 표현하지만 너무나 복잡한 경제력 평가 방식의 소득인정액은 어렵게만 느껴집니다. 느리고 오류 많은 전산 시스템까지 마음을 답답하게 합니다. 사회보장급여 탈락 관련 이의를 제기하거나 과도한 후원 물품 지원 요구 등 반복·특이민원, 칼 또는 가스총으로 위협하는 폭력·폭언의 악성 민원들도 존재합니다. 가정 방문 및 내방 민원 응대 시 성희롱·성폭력에도 노출됩니다. 고독사 발생 등 사회적 문제에서 점점 커지는 사회복지 업무 담당 공무원의 책임과 역할 등 공공사회복지 업무는 많은 어려움이 있고, 지방직 행정직렬 분들의 사회복지 업무를 기피하는 상황에 저도 많은 공감을 합니다.

우리 사회복지전담공무원들은 공공사회복지업무를 수행하면서 보람된 일들도 겪지만, 무척이나 힘들고 기운 빠지는, 번아웃되어 몸과 마음이 나가떨어지는 상황에도 직면하게 됩니다. 제가 한 지역의 경력 10년

조금 넘은 말단 공무원이지만 대한민국 우리 사회복지전담공무원들에게 이 말을 꼭 하고 싶습니다. 아니 사회복지전담공무원을 비롯하여 국가직 및 지방직 사회복지업무를 담당하는 분들에게 말씀드립니다.

여러분들이 대한민국의 등대입니다. 여러분들이 우리 사회의 어려운 곳을 밝혀주며, 대한민국이 올바른 길로 나아갈 수 있도록 최선을 다해 주시고 있습니다. 사회복지전담공무원 및 사회복지업무에 임하는 공무원 여러분, 그대들이 대한민국의 등대이고 대한민국의 영웅입니다.

> 3장
>
> 울기도, 웃기도,
> 다사다난한 공무원의 삶

　여름철 피서와 여가를 보내기 위해 해수욕장을 찾는 경우가 많습니다. 물놀이 중 해파리에 쏘여 해수욕장 상황실을 찾으면 소방대원들과 함께 근무하는 직원들을 볼 수 있습니다. 그 직원들을 볼 수 있는 상황에는 나의 분실물을 찾으러 가거나, 또는 주인 없는 물건을 찾아 신고하러 가는 길도 있습니다. 직원들의 정체는 무엇일까요? 해수욕장이라서 해양수산부 직원? 제주시청 해수욕장 담당 부서 직원? 그들은 바로 해수욕장이 위치하여 관할 하는 읍·면 사무소 및 동 주민센터 직원들입니다. 예를 들어 제주시 협재해수욕장 및 금능해수욕장은 제주시 한림읍에 위치하기에, 소방대원들과 함께 각 해수욕장 상황실에는 한림읍사무소 전 직원들이 돌아가며 근무하고 있습니다. 소방대원들과 각종 상황에 대처하는 협업을 담당하고, 전반적인 해수욕장 관리 업무를 해수욕장 운영 기간에 담당하고 있습니다.

그리고 봄과 가을에 생각나는 것, 대부분 봄에는 꽃 그리고 가을에는 단풍이 생각나겠지만 저는 가장 먼저 산불 상황실 근무가 생각납니다. 제주시의 겨우 봄과 가을에 제주시청 녹지부서 및 읍·면 사무소에 산불 상황실 근무를 운영합니다. 평일 및 토·일 아침 9시부터 밤 8시까지 운영했던 것으로 기억합니다. 제가 제주시 구좌읍에서 불과 1년 전, 2023년 7월까지 근무했으니 생생하게 기억이 납니다. 다행히 산불 진화 대원들과 같이 근무하기에 제가 공직 생활을 하는 동안에는 큰 규모의 산불은 발생하지 않았습니다. 산불 진화는 신속성이 생명이므로 산불 진화 대원들로 감당할 수 없는 경우, 소방대원들이 도착하기 전 공무원들이 진화에 참여해야 합니다. 저는 그런 경험까지는 없었지만, 선배님들은 경험이 있었다고 하니, 그런 이야기를 들으면 놀랍기도 하고 위험한 순간에 목숨을 걸었다는 생각에 공무원은 사명감이 없다면 못하는 일이라는 생각이 들곤 합니다.

그리고 선거 이야기입니다. 여러분들은 민주주의 축제 선거에서, 민주주의 꽃 투표, 즉 국민이 나라의 주인인고 주인의 권리인 주권이라는 투표를 행사하고 계신가요? 1987년 6월 항쟁으로 국민의 염원이었던 대통령 직선제가 탄생했습니다. 광역지자체장(시·도지사) 및 기초지자체장(시장·군수·구청장)을 비롯해 대의민주주의 근간 국회의원과 지역 의원들(광역의원 및 기초의원)을 직접선거로 선출하고 있습니다. 이처럼 선거는 크게 대통령 선거, 국회의원선거, 지방선거로 나누어지고, 거의 해마다 또는 한 해에 두 번 선거가 있을 정도로, 선거는 우리 일상에서 자주 접하고 있습니다.

여러분들이 투표소에 선거하러 가면, 많은 사람이 투표소 운영 및 선거 관리에 참여하는 것을 확인할 수 있습니다. 선거인 명부 확인, 서명 안내, 투표용지 교부 등, 이런 일에는 선거관리위원회 직원들이 참여하는 것일까요? 그리고 투표 시작 전 각종 선거 공약 및 후보자들의 면면을 살필 수 있는 선거 공보물은 누가 배송하는 것일까요? 사실 선거 사무에도 지방직 공무원들이 참여하고 있습니다. 각 읍·면·동 선거 관리위원회가 만들어지며, 읍·면·동 직원들이 해당 읍·면·동의 선거 사무를 총괄하게 됩니다. 투표인 명부 확정, 선거 공보물 발송, 투표소 설치 및 운영 등 다양한 일에 읍·면·동 직원들이 휴일도 반납하고 복무합니다. 도청 또는 시청 직원들도 투표소 운영 및 개표 작업등에 참여하는 등, 선거관리위원회의 총괄 업무와 더불어 지방직 공무원들의 헌신으로 선거는 사고 없이 마무리된다고 생각합니다. 이 사실도 제가 지방직 공무원이라는 일을 하기 전에는 전혀 몰랐던 사실이기에 독자 여러분들과 공유하고자 하는 마음에 이야기를 했습니다.

지방직 공무원들의 고충에 관해 이야기했다면, 국가직 공무원들을 어떤 삶을 살고 있을까요?

제가 광역자치단체 제주특별자치도청에서 근무할 당시 보건복지부 및 여성가족부 직원들과 소통하는 기회가 많았습니다. 보건복지부의 경우 신규 사업이 있어 5급(사무관) 직원과 직접 이야기를 나누는 경우도 있었습니다. 예전 표현으로 행정고시, 5급으로 합격한다고 하면 꽃길만 걷는다고 대부분의 사람들을 생각할 것입니다. 저도 그런 생각을 하는 사람 중 한 명이었습니다.

그러나 행정고시에 합격하면 중앙부처에 발령받는 경우가 많고, 중앙부처에서 5급 사무관은 실무자에 불과합니다. 중앙부처의 본부에는 9·8급은 매우 드물고 6·7급과 함께 실무를 추진해 나가는 중심이 바로 5급이라고 생각하시면 됩니다. 굉장히 많은 업무량을 자랑합니다. 5

급 사무관은 5급 공개경쟁채용시험(행정고시)에 합격하여 채용된 우수한 인재로서, 본인들의 대학 동기들은 대다수가 대기업에 입사하여 연봉 등 복리후생에서도 큰 차이가 있을 것입니다. 돈으로 살 수 없는 공직 정신으로 살아가는 것이 5급 공개경쟁채용시험으로 입직한 사무관이라는 것을 도청에서 근무하면서 알 수 있었습니다.

각종 재난을 대비하기 위한 비상근무 및 재해 발생 시 비상근무는 국가직 및 지방직 공무원 모두에게 적용됩니다. 그리고 공무원이라는 일의 상징성을 가장 잘 표현하는 공무원의 가장 중요한 업무라고 저는 생각합니다. 산불 상황실 근무와 비슷한 맥락입니다. 공무원은 폭우, 태풍, 가뭄, 대설 등 다양한 자연 재난을 대비하고 재해를 선제적으로 예방하기 위해 비상근무를 실시하게 됩니다. 그리고 재난으로 발생한 피해, 즉 재해를 복구하기 위해 구슬땀을 흘리는 것도 공무원의 몫입니다. 저도 비상근무를 하면서 비바람을 뚫고 예찰 활동을 했던 기억이 있습니다. 나뭇잎이 쌓여 막히는 우수관에 빗물이 고였고, 비바람을 맞으며 그 우수관을 제가 직접 뚫었던 추억이 스쳐 지나갑니다. 대설주의보 등 폭설의 상황에서는 트럭을 타고 동네 곳곳 경사진 길에 모래를 살포했습니다. 특히 아침 시간에 주민들의 안전을 위하여 밤샘 근무 후 새벽에 제설 작업과 모래를 살포했던 기억에 고생스러움도 있지만, 이런 이야기들을 추억으로 말씀드릴 수 있어 뜻깊은 경험이었다고 생각합니다.

자연 재난과 더불어 코로나19 팬데믹이라는 사회적 재난의 상황도 말씀드리고 싶습니다. 코로나19 팬데믹은 감염병의 전 세계적 확산으로, 사회적 재난이라는 새로운 개념을 정의 내리기까지 했습니다. 저도 공직자로서 자가격리자 모니터링, 자가격리자 물품 지원, 코로나19 생활지원비 등 다양한 업무에 종사했습니다. 더불어 코로나19로 경제적 상황이 나빠지는, 즉 생계 곤란을 겪게 되는 취약계층을 위해 사회복지전담공무원으로서도 많은 노력을 기울였습니다. 실직 등 위기 상황에 놓인 분들에게 긴급지원을, 저소득층에게는 제주특별자치도의 가용 재원으로 재난지원금을 지급하는 등의 업무에 있어 최선을 다했습니다.

공무원의 가장 큰 존재 이유와 목적, 청렴과 더불어 갖추어야 할 직업윤리 의식은 '국민의 생명과 안전을 위해 봉사한다' 입니다. 소방과 군인 그리고 경찰 등 특정직 공무원 및 대한민국의 모든 공무원에게 해당하는 이야기라고 생각합니다. 그런 직업 윤리의식을 가지고 묵묵히 국민이 안전을 영위할 수 있게 최선을 다하는 대한민국의 공직자들이 자랑스럽습니다.

그러나 공무원의 복리후생은 민간과 비교 시 상대적으로 부족한 상황입니다. 민간에 비하여 적은 급여와 개혁된 공무원 연금이 대표적입니다. 9급 공무원의 초과근무수당 중 시간외근무수당 지급 단가는 최저임금에 못 미치어 규정을 개정했을 정도로 급여는 박봉이고, 공무원연금은 제가 입직하고 한 차례 개혁되었으며 앞으로도 여러 차례 변화가 예상됩니다. 더불어 앞서 말씀드린 태풍·폭우·가뭄·산불 등 각종 재난·재해 관련 밤샘 비상근무 및 피해복구가 있습니다. 그 외 과다한 업무량으로 일과 삶의 균형이 생각보다 보장되지 않으며 경직된 조직문화 등 다양한 어려움이 있습니다.

그렇지만, 공무원의 삶이 우울하기만 한 것은 아닙니다. 지방직 공무원의 특징으로 지역 주민들이 쉽게 찾을 수 있는 행정기관의 특성상, 주민들과의 정서적인 교류를 들 수 있습니다. 읍·면사무소에 들리는 이장님들의 건네주시는 음료수, 어려운 이웃을 제보해 주셨는데 제가 도와주어 고맙다는 이야기를 동장님에게 이야기하는 통장님들 등 다양한 지역 주민들의 따뜻함이 있는 곳이 읍·면 사무소 및 동 주민센터입니다. 우리네 이웃들과 함께 웃을 수 있는 곳입니다.

　더불어 각종 지역 현안을 해결할 수 있는 것이 지방직 공무원의 매력입니다. 행정에서 파악하지 못한 지역의 문제와 욕구를 지역 주민들은 건의합니다. 우리 동네 가로등, CCTV 달기 등 소소한 이야기들도 있고, 복지시설 건립 등 굵직한 요구사항도 있습니다. 이러한 다양한 지역의 문제점 또는 지역 발전을 위한 의견을 수렴하고 법령의 범위에서 검토하며 정책에 반영합니다. 그래서 지역의 문제점들이 해결되고 다양한 건의사항들도 해결하면서, 저도 제주의 도민으로서 제가 살고 있는 제주의 삶이 점점 나아지는 모습들이 눈에 들어오면, 뿌듯하고 보람됩니다.

**　지금, 이 순간에도 당직 등으로 24시간 불이 꺼지지 않는 청사에서 근무하는 공직자들이 생각납니다. 읍·면·동, 시·군·구, 시·도 그리고 중앙부처 등 각자의 자리에서 국민과 지역 주민을 위해 묵묵히 최선을 다하고 있는 우리 공직자들에게 격려의 박수를 보내 주고 싶습니다.**

**　그리고 공공사회복지와 공무원의 겪는 어려움을 독자 여러분께 이야기한 제가, 아이러니하게도 사회복지전담공무원이라는 일을 하는 것에 있**

어 의아함을 느낀 분들도 계실 것입니다. 이런 많은 어려움이 있지만, 저는 희망을 전할 수 있는 일이기에 사회복지전담공무원이 무척 자랑스럽습니다.

3장

따르릉,
세발자전거 이론

　세발자전거 이론이 있습니다. 제가 존경하는 분의 고견을 듣고 공감하여 저도 사회복지의 비전으로 삼은 이론입니다

　세발자전거 이론을 한마디로 정의 내리면 "사회복지의 완성은 정치 · 행정(공공사회복지) · 현장의 사회복지라는 세발자전거의 축, 세 개 바퀴의 결합과 균형이라는 것"입니다.

　저는 제주대학교 법정대학(現사회과학대학) 행정학과(06학번)를 졸업했습니다. 연계전공으로 사회복지학사도 있으며, 사회복지전담공무원 시험도 준비했으니 행정학과 사회복지학을 조금은 알고 있습니다. 행정학과 사회복지학의 공통점은 정치 · 경제 · 사회 · 문화의 융합 학문이라는 것입니다.

현대 공공사회복지를 정확히 이해하려면, 1차 세계 대전 이후 20세기 초반 세계적으로 불어닥친 경제 대공황부터 출발하여야 합니다. 경제 대공황을 극복하기 위해 미국은 대규모 댐 건설 등의 뉴딜정책을 펼쳤으며, 뉴딜정책의 핵심은 공공의 일자리를 창출하여 실업률을 감소하고 가용소득을 높이는 것입니다. 더불어 사회보장법을 통해 미국민들에게 연금 등 전반적인 사회안전망을 제공하는 복지시스템 구축을 시도합니다.

정부의 역할을 단기적으로는 시장경제가 불균형에 있을 수 있으며, 이 불균형을 정부가 시장에 개입하여 고칠 수 있다고 보았던 수정자본주의, 즉 케인스주의와 뉴딜정책은 인프라 확충, 경기부양, 사회보장제도로 부의 불평등 해결 등과 맥락을 같이 했습니다. 정부의 시장 개입 확대를 주장했던 케인스주의는 1929년 대공황 이후 20세기 중반까지 정치·경제의 주류였으나, 1970년대에 들어서 오일쇼크, 스태그플레이션, 영국병 등을 겪으며 한계에 직면하게 됩니다.

그래서 경제적 자유주의의 분파이자, 밀턴 프리드먼과 프리드리히 하이에크 같은 자유 시장을 지지하는 경제학자들의 사상(불황이 시작될 기미가 보이면 정부가 대규모 재정정책을 사용하고 금리를 인하하여 경제활성화를 추구하는 방식이 비효율을 발생시키며 위험성을 안고 있다는 점을 지적), 신자유주의가 1970년대 후반 주류 사상으로 자리매김하게 됩니다. 대표적인 신자유주의 정책을 폈던 정치인은 영국 총리 철의 여인 '마거릿 대처'와 미국의 '로널드 레이건' 대통령이 있습니다.

2차 세계 대전 이후, 독일과 일본의 공업 생산이 빠르게 회복되고, 이들 나라 공산품에 대한 미국의 수입이 급증하면서 금 1온스당 35달러로 고정되어 있던 미화 가치가 액면가 이하로 떨어지는 현상이 나타났습니다. 여기에 베트남 전쟁의 장기화로 미국의 정치적·경제적 위상은 타격을 입게 되었고, 이에 미국은 닉슨 쇼크라 불리는 미국의 금태환제 폐지를 선언합니다. 2차 세계 대전 이후 초강대국이 되었던 미국은 브레튼우즈 협약으로, 달러를 세계의 기축통화로 이끌었고 35달러와 금 1온스가 같은 가치를 가지게 하는 금 태환제를 선포하였으나(당시 세계 금의 70% 가까이 미국이 보유하고 있었습니다) 앞서 말씀드린 베트남 전쟁 전비 조달을 위해 보유한 금을 넘어선 달러 발행으로, 결국 닉슨 쇼크 사건이 터지게 됩니다. 이 사건으로 인해 전 세계 물가는 급등했으며, 경제성장률은 하락했습니다. 여기에 1970년대 여러 차례 발생한 중동전쟁으로, 원유가격까지 상승하며 세계 경제는 유례없는 혼돈에 빠지게 됩니다.

　제가 경제학 시간에 배운 여러 경제학 개념 중, 스태그플레이션이 처음 등장하게 된 시기도 이쯤이라고 알고 있습니다. 물가와 실업률은 반비례, 즉 경기가 좋으면 소비와 투자가 늘어나 실업률은 줄어들고 가처분소득 증가 등으로 물가는 상승하게 됩니다. 반대로 경기가 나쁘면 줄어드는 소비와 투자로 실업률은 상승하고 가처분소득 하락으로 물가는 하락한다는 필립스 곡선을 뒤집는 새로운 이론이 등장합니다. 원유가격 상승으로 인한 생산품 가격 증가의 원인으로 물가 상승이 이루어지고, 그리고 이로 인한 생산 비용의 증가는 실업률 증가로 이어집니다. 즉 물가와 실업률이 동시에 상승하는 스태그플레이션이 발생했습니다. 이런 경제적 상황을 타개하기 위해 영국 총리 철의 여인 '마거릿 대처'와 미국의 '로널드 레이건' 대통령은 정부의 규제 철폐와 공공부문의 민영화를 골자로 하는, 신자유주의 정책에 박차를 가하게 됩니다. 마거릿 대처의 경우 석탄 광부들의 파업에 군대를 동원하는 등 노동 시장에도 강경한 정책을 추진합니다. 영국 로열 발레단의 남성 무용수 필립 모슬리의 실화를 참조하여 발레리노를 꿈꾸는 가난한 소년의 성장 이야기를 담은 영화 〈빌리 엘리어트〉가 이 시기 영국을 다뤘습니다.

사회복지를 이야기하면서 신자유주의라는 정치·경제 이야기를 하고 있을까요? 정부의 시장 개입 확대를 주장했던 케인스주의의 여파로 1970년대 영국은 영국병을 앓고 있었고, 그 예로 노동운동의 격화와 함께, 전 국민을 대상으로 한 보편적 복지의 복지정책을 들 수 있습니다. 무상 의료 서비스(국영 의료 서비스 시스템, NHS) 등 다양한 정책이 존재하는, 고복지 국가로 영국을 정의 내릴 수 있는 단계였습니다. 물론 다양한 복지정책은 국민 삶을 윤택하게 하고, 사회통합 및 갈등을 방지하는 순기능도 있으며, NHS의 경우 복지정책 축소에 앞장섰던 마거릿 대처조차 축소하지 못했을 정도로, 복지는 국민 삶의 필수입니다.

그러나 1970년대 스태그플레이션이라는 겪어 보지 못한 세계적 불황에 복지정책의 확대는 반대에 부딪히게 됩니다. 마거릿 대처는 그 당시 영국병 치료라는 명분으로 신자유주의 노선을 채택, 공공부문을 대거 민간에 매각하고(공기업 민영화) 규제 완화와 경쟁 촉진, 기존의 사회보장제도를 대거 축소하는(그렇지만 GDP 대피 복지 예산은 대처리즘 시기에도 조금씩 증가 했습니다) 대처리즘의 정책을 펼칩니다. "요람에서 무덤까지"(from the cradle to the grave)를 표방했던 영국의 경제와 사회복지 모델은 그전까지만 해도 외국의 칭송을 받던 모범이었지만 영국병의 원인 중 하나로 변했으며, 대처리즘을 통해 복지의 패러다임은 '일하는 복지'라는 담론이 화두가 되었습니다.

　이렇듯 사회복지학은 정치·경제·사회·문화와 뗄 수 없는 학문입니다. 정치·경제·사회·문화를 이해하여야만 공공사회복지의 정확한 맥락을 이해할 수 있다고 저는 생각합니다. 그러므로 사회복지가 완성되려면 정치와 이념만 주장해서는 안 되며, 행정(공공사회복지)이 현장(민간사회복지) 위에 군림해서도 안되고, 현장(민간사회복지)의 전문성만 강조하는 것도 안 된다는 것입니다.

　사회복지의 완성은 정치·행정(공공사회복지)·현장(민간사회복지)이라는 사회복지라는 세발자전거의 축, 세 개 바퀴의 결합과 균형입니다. 현장 영역에서 만들어지는 복지 시대 정신이 깃든 정치인의 탄생 및 시대에 맞는 복지를 구현할 수 있는 사회적 합의를 이끄는 입법 기관으로서 역할 등 정치의 영역이 먼저 필요합니다. 그리고 복지 시대 정신을 실현하는 행정의 정책 기획 및 집행, 사회복지 실천의 현장을 통해 정치와 행정이 미처 공감하지 못했던 사회적 문제를 파악하고, 환류하는 것입니다.

세발자전거는 세 개의 바퀴가 조화와 균형을 이루어야만 올바르게 나아갈 수 있습니다. 사회복지라는 세발자전거도 그 구성을 담당하는 세 개의 바퀴, 정치·행정·현장이 결합되고 상호작용 할 수 있어야만 국민 삶의 질 향상과 복지 체감도 증진이라는 올바른 길로 나아갈 수 있을 것입니다.

> 3장
>
> **나의 희망 만들기,
> 우리의 희망 만들기**

제가 읍·면·동에서 담당했던 다양한 업무 중에 복지자원 발굴과 이웃돕기 업무, 그리고 통합사례관리 업무가 가장 기억에 남습니다. 읍·면·동에 근무하면 유·무형의 복지서비스를 제공하려는 많은 사람들(복지 자원)에게서, 즉 쉽게 말해서 재능 기부·현금 기부 또는 현물 기부를 하시려는 분들에게서 많은 연락을 받게 됩니다. 읍·면·동 복지자원 발굴 담당자가 읍·면·동 지역사회보장협의체와 함께 자원 발굴 캠페인을 통해 지정 기부자들을 발굴하기도 하며, 저도 읍·면·동 지역사회보장협의체 위원님들과 동참했던 기억이 있습니다. 다양한 복지자원 발굴로 지역 내 어려운 이웃들과 함께하고자 하는 분들을 만날 수 있는 순간에 함께할 수 있어 저도 기뻤습니다. 이렇게 기부 의사를 밝힌 분들 중 현금 기부 및 현물 기부는 사회복지공동모금회를 통한 지정기탁 신청을 안내하고, 취약계층에게 배분하는 업무는 읍·면·동 이웃돕기 담당자가 맡습니다. 후원 물품 배분에 있어 불만을 품는 분들도 간혹 있었지만, 반대의 경우로 아주 자그마한 후원 물품 전달(배분 대신 독자 여러분들이 이해하기 쉽게 전달이라는 표현을 사용하겠습니다)에도 감동하고, 감사함을 표현하시는 분들도 많이 계셨습니다.

대표적인 분들로 홀로 사는 어르신 및 거동 불편 중증장애인입니다. 취약계층 중 이런 분류는 가족 관계 해체로 가족 지지체계가 없는 어르신 또는 거동이 불편한 중증 장애로 사회 참여 활동이 불가하여 타인과의 소통과 교류가 적은 경우입니다. 그분들 입장에서는 읍·면·동 사회복지 담당자의 가정 방문이 무척이나 반가운 일입니다. 거기에 쌀·떡·김치·김·케이크 등 후원 물품까지 전달한다면, 그 반가움은 고마움이 되겠지요? 후원 물품의 가치와 상관없이 "고맙습니다."라고 말씀하십니다. 그러면 그 말 한마디에 한여름 쌀을 둘러메고 엘리베이터 없는 5층을 계단으로 올라가며, 땀을 뻘뻘 흘렸던 저의 얼굴에는 미소가 띠어집니다. 특히 어르신들을 찾아뵐 때는 돌아가신 저의 어머님이 생각나기도 했고, 장애인들을 찾아갈 때는 뇌병변 장애인 아버지가 생각나기도 했습니다.

제가 읍·면·동에서 맡았던 업무 중 장시간을 투입해야 했던 업무로 통합사례관리 업무가 기억에 남습니다. '통합사례관리는 읍면동 단위에서 복합적인 욕구를 가진 대상자의 욕구를 파악하여, 다양한 지역사회 자원을 연계하고 문제해결에 나설 수 있도록 지원하는 업무'[4]입니다. 행정안전부·보건복지부 발간 2024년 찾아가는 보건복지서비스 업무 안내를 기준으로 통합사례관리 업무를 이야기하겠습니다.

> 통합사례관리는 크게 4가지의 내용을 담고 있습니다.
> 첫째, 읍면동 단위에서 복합적인 욕구를 가진 당사자의 욕구조사를 통해, 다양한 지역사회 자원을 연계하고 문제해결에 나설 수 있도록 지원합니다.
> 둘째, 다양한 사례관리사업과의 연계 및 공동 개입 등 지역사회 사례관리의 게이트웨이 역할을 수행하며, 셋째 대상자 욕구 충족 및 문제해결을 위한 공공·민간자원 연계 확대 및 자원 활용도 제고에 노력합니다.

4　발췌 : 행정안전부·보건복지부 발간 「2024년 찾아가는 보건복지서비스 업무 안내」

마지막으로 대상자 누락 및 중복 등 기존 사례관리의 분절성을 극복하기 위하여 자료(Data-base) 공유에 철저를 기합니다.

통합사례관리 연계 및 협력의 과정은 아래의 표와 같습니다.

읍·면·동 통합사례관리는 읍·면·동 찾아가는 보건복지팀에서 담당합니다. 대상자 발굴·초기상담·대상자 접수·욕구 및 위기도 조사·사례 회의를 통한 대상자 구분 및 선정·서비스 계획수립·서비스 제공 및 점검·종결·사후관리 등의 절차로 추진됩니다. 아래의 시각화된 표로 정리할 수 있습니다.

┃통합사례관리 연계·협력 흐름┃

「2024년 찾아가는 보건복지서비스 업무 안내」 발췌 통합사례관리 연계 및 협력의 과정

3장 공공사회복지, 우리의 희망입니다   171

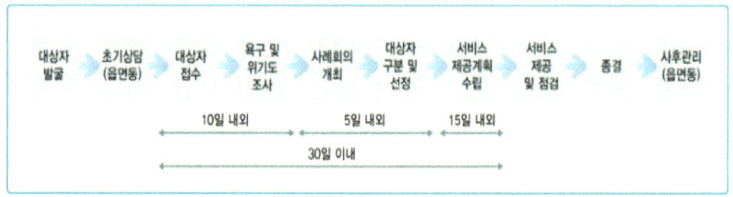

「2024년 찾아가는 보건복지서비스 업무 안내」 발췌 통합사례관리 업무 처리 절차

　발굴된 가구에 대해서는 욕구 및 위기도 조사 실시 후 사례회의를 거쳐 사례관리 가구 또는 서비스 연계 가구로 구분하여 개입합니다. 원칙적으로 사례관리 가구는 대상가구의 특성 및 가용자원 등을 감안하여 개입 기간을 기준으로 1개월 이상 예상되는 가구를 의미합니다. 서비스 연계 가구는 개입 기간이 1개월 미만으로 예상되는 가구로 선정 후 30일 이내 관련 서비스를 연계합니다(물론 개입 기간과 관계없이 서비스 제공의 복합성으로 분류하는 경우도 있습니다).

　기본적으로 사례관리 가구로 선정되면 가입 기간은 1개월 이상이 소요되어 짧으면 2~3개월, 장기적 개입의 경우 6개월 이상의 시간과 에너지가 필요한 때도 있습니다. 사례관리 가구로 선정된 가구는 일차적으로 복합적인 욕구 또는 위기 상황에 봉착된 가구입니다. 그래서 먼저 수많은 가구 방문과 유선 상담 등의 소통을 통해 라포를 형성시킵니다. 그 후 서비스 제공 계획과 대상 가구와의 장·단기 목표를 수립하여, 서비스 제공을 통한 목표(욕구와 위기 상황과 관련된) 달성에 서로가 노력하게 됩니다. 장기적 개입의 경우 6개월 이상 대상자와의 만남과 서비스 제공, 목표 달성 관련 소통 등의 이루어진다고 하니, 업무 담당자의 에너지도 필요하고 성공적인 사례관리에는 보람도 많이 느낄 수 있는 업무입니다.

제가 통합사례관리 했던 가구 중 특별히 생각나는 한 가구를 여러분께 소개해 드리고자 합니다.

2019년 제주시 한림읍에서 근무할 당시, 한림읍 금능리 이장님 제보가 그 시작이 되었습니다. 주 소득자인 남편이 2019년 2월 사망하면서 미취학 자녀 한 명을(2016년생, 남아) 홀로 키우고 있는, 2015년 한국으로 결혼 이민을 오신 베트남 출신의 어머니, 다문화 모자 가구입니다. 복합적인 욕구가 있고 장기적인 개입이 필요하여 사례관리 가구로 선정했습니다. 주요 욕구로는 주 소득자의(남편) 갑작스러운 사망 관련 생계 곤란, 다문화가정으로서의 한국 생활 정착 문제, 남편의 부재로 발생한 시댁 가족들과의 유대 관계의 악화 우려 등이 있었습니다.

단기 목표로 생계 곤란을 해결하고자 했고, 장기 목표로는 한국 생활 정착 및 자립 토대 마련을 두었습니다. 통합사례관리 업무 추진 시, 목표 작성이 가장 중요하면서 어려운 절차이었으므로, 제가 세운 목표를 돌이켜보면 그 상황에서 정답은 아니라고 생각됩니다만, 사례관리에 최선을 다했다는 것은 자랑스럽게 말할 수 있습니다. 먼저 단기 목표 생계 곤란을 해결하기 위해 여러 서비스를 팀장님과 논의하면서 제공했습니다. 다행히 한국 국적의 아이가 있고, 주소득자의 사망이라는 위기 사유가 있어 긴급지원 신청을 통한 신속한 생계지원이 가능했습니다. 그리고 외국인의 특성상 평균 이상의 급여를 받는 직업을 구하고 지속하기 힘든 상황이 예상되어, 저소득한부모가족을 신청, 자립 지원의 토대를 마련하는 장기 목표와 연계성을 구축했습니다.

한림읍 지역사회보장협의체와 복지자원 협약 체결이 된 곳을 찾아, 서비스를 연결했습니다. 빵집·미용실 등 한림읍에 위치한 우리의 동네 가게들이 우리 이웃을 위해 앞장서 주셨습니다. 한국 생활 정착 관련하여, 다행히 시댁과의 우호적인 관계가 있어 가족이라는 지지체계가 나빠지지는 않았습니다. 어머니가 가질 수 있는 우려와 슬픔을 금능리 이장님 등 좋은 이웃들이 지속적인 관심을 표하고 정서적 유대감을 형성하여, 시댁과의 관계성이 상실되지 않을 수 있다는 신뢰감을 주었습니다.

배우자의 갑작스러운 사망은 누구나 정신적인 충격이 매우 큰 위기 상황입니다. 그 경우가 타국에서 생활하고 있는 외국인이면 정서적 불안은 더 클 것입니다. 입장을 바꾸어 제가 외국인 배우자와 결혼하여 타국으로 결혼 이민을 가고 자녀를 낳아 결혼 생활을 하던 중, 배우자의 사망으로 타국에서 어린 자녀를 키운다는 것은 감내하기 힘든 상황으로 감정 이입이 됩니다. 다행히 베트남 어머니 분은, 주 소득자 남편이 사망하기 전에도 본인 스스로 적은 급여이지만 경제적 활동을 하고 있는 등 자립·자활의 생활 태도를 갖춘 분이셨습니다. 금능리 이장님이 제보하고 가구 방문하여 초기상담을 개입하는 과정에서는 걱정이 앞섰지만, 슬픔을 뒤로하고 자녀를 생각하는 어머님의 모습에 긍정의 기운을 발견할 수 있었습니다.

  주 소득자의 사망으로 경제적 위기와 한국 생활 정착 문제 등 다양한 욕구한 위기 상황에 처한 가구였습니다. 이런 가구에 공적급여 연계·지역 내 다양한 복지자원의 서비스 제공·이웃 및 행정의 관심으로 정서적 지지를 확충하여 자립과 자활의 토대를 마련한 사례로 기억에 남습니다. 무엇보다 개입 초기부터 서비스 제공까지, 우리네 이웃의 역할이 상당했으며, 이웃의 어려움을 살피고 진심으로 공감할 수 있는 이웃

사랑의 분위기를 느낄 수 있었던 사례였습니다. 그리고 그 당시 이웃의 어려움을 제보한 제주시 한림읍 금능리 이장님! 고맙습니다!!

제가 만났던 분들 중에는 '우리 동네 삼춘 돌보미'라는 동네의 숨은 어려운 이웃들을 찾아내는 분들이 계셨습니다. 이장님·통장님·지역사회보장협의체 위원님 등 다양한 분들이 오셔서 '우리 통(리)에 어려운 분이 이수다(있습니다)'라고 말씀하십니다. 우리 동네 삼춘 돌보미는 무엇일까요? 2024년 찾아가는 보건복지서비스 업무 안내에는 위기가구 발굴 관련 읍·면·동 인적안전망으로 명예사회복지공무원을 소개하고 있습니다. 명예사회복지공무원은 읍·면·동지역사회협의체, 복지통장 등 지역 주민의 자발적 참여를 통해 구성된 무보수 명예직의 위기 가구 발굴 민간 조직이라고 이해하시면 좋겠습니다. 특별히 제주특별자치도의 경우 명예사회복지공무원이라는 공식적인 명칭과 더불어 '우리동네 삼춘 돌보미'라는 정겨운 제주어를 사용한 이름으로 활동하여, 위기가구 발굴을 실천하기 위해 우리네 이웃들에 조금 더 깊숙이 스며들며 활동하고 있습니다. 제주어로 삼춘이라는 말은 동네 할머니·할아버지·이웃집 아저씨 및 아주머니 등 동네 이웃 중 연장자 또는 손윗사람을 지칭하는 말입니다.

앞서 대한민국의 사회보장제도가 다양하게 존재한다고 말씀드렸지만, 분명 복지사각지대도 자본주의 사회의 특성상 필연적으로 존재할 수밖에 없는 구조입니다. 아무리 좋은 제도가 있을지언정, 취약계층을 발굴해 내지 못한다면 빛 좋은 개살구에 불과하다고 생각합니다. 그러므로 위기가구 발굴이 점점 중요시되고 있습니다. 기존 발굴 대상은 사회보장급여 수혜 자격 기준에 의해 배제된 대상·욕구 대비 복지서비스 내용 및 수준이 불충분한 대상 및 공공부조·서비스 수혜 대상이지만 발굴되지 못한 대상자를 의미했습니다. 예를 들어 생계가 어렵지만 공적급여를 신청조차 하지 못했던 가구를 발견하여, 신청을 안내하고 책정된다면 복지사각지대를 발굴하여 서비스를 연계한 경우입니다. 즉 기존 복지사각지대의 개념은 사회보장급여의 수혜 여부와 욕구의 연계성에 중점을 두었습니다.

그리고 저출산 고령화로 인한 가족 지지체계의 약화 및 사회 양극화 등 다양한 이유로 미래의 대한민국에도 복지사각지대는 여전히 존재하고 있을 것입니다. 복지시각지대는 존재의 유효함을 넘어, 앞으로 몇 년 안에 新 복지사각지대로 정의 내려지는 경우가 생겨날 것입니다. 그리고 新 복지사각지대로 정의 내려지는 위기가구의 발굴이 필요한 시대입니다. 新 복지사각지대는 전통적인 복지 정책 대상(노인, 장애인, 아동 등)은 아니지만 경제·인구·사회구조 변화 등 새로운 사회적 위험으로 복지지원이 필요한 취약계층을 의미합니다. 예를 들어 1인 가구 증가로 인한 고독사 위험 노출 가구·자립준비청년·취약청년(가족돌봄청년, 급변하는 사회의 적응에 어려움을 겪는 고립·은둔 청년)등 입니다.

　新 복지사각지대의 가구는 명예사회복지공무원분들이 없으면, 더욱 고립되고 힘든 상황에 놓이게 될 것입니다. 그들은 사회로부터 버림받았다는 생각이 든다면 극단적인 선택을 하거나, 사회적 괴물로 변해 버릴 수 있습니다. 대한민국의 명예사회복지공무원분을 응원하고, 우리 이웃의 자그마한 어려움도 놓이지 않고 읍·면·동 담당자에게 이야기 할 수 있는 적극적인 활동을 부탁드리겠습니다. 읍·면·동 지역사회보장협의체 및 자생 단체와 더불어 위기 가구 발굴이라는 막중한 임무가 있는 명예사회복지공무원 '우리동네 삼춘 돌보미' 여러분들! 하영 고마운 게 마씸!!(우리동네 이웃들을 살피는 돌보미 여러분들, 많이 고맙습니다)

　그리고 이제 저의 희망을 만들어 주셨던, 저를 사회복지전담공무원이라는 자리에 있게 도와주신 분들에게 고마움을 전하고 싶습니다.

먼저 소개해 드릴 분은 기회와 운은 찾아오는 것이 아니라 스스로 만들어 내는 것임을 가르쳐주신 제주대학교 행정학과 재학시절 저의 지도 교수님 민기 교수님입니다. 민기 교수님은 행정학의 분야 중, 지방재정·정부회계 등 재무행정론 전공 분야를 연구하시고 가르치시는 교수님입니다. 지금은 정년퇴임을 하셨습니다. 제주특별자치도 출범에 초석을 다지시기도 하셨던 교수님은, 사실 젊은 시절에는 저와 같은 평범한 직장인이셨습니다. 민기 교수님은 직장을 다니며 열심히 영어 공부를 하셨습니다. 잦은 야근으로 퇴근 후 공부가 힘들었기에, 일찍 기상하여 하루하루 영어 공부에 매진하셨습니다.

특별한 기회가 오기 전, 평범한 일상에서의 노력을 해 오셨습니다. 그리고 그 노력은 곧 해외 연수라는 특별한 기회로 연결되었습니다. 해외 연수 시 필요한 자격 조건의 토익 기준 점수를 충족한 민기 교수님은 미국으로 유학을 갈 수 있었고, 교수의 길로 들어설 수 있었습니다. 평범한 일상에서의 꾸준한 노력이 기회를 만들어 내었고, 그 기회가 특별한 변화를 불러일으켰던 인생이라고 할 수 있습니다. 제가 건강보험공단에서 인턴을 생활하면서 주경야독으로 취업 준비를 하는 시기에도, 많은 건강보험공단 직원들의 조언과 더불어 민기 교수님이 일화로 어려운 시기를 잘 헤쳐 나갈 수 있었습니다. 건강보험공단에서 인턴을 하며 사회복지전담공무원 시험 준비를 하고 있을 시기에, 시험을 앞두고서 든 감정은 '남들보다 뒤처진다'라는 불안감이었습니다. 시험을 준비하는 다른 이들은 온전히 하루에 대부분을 시험공부에 매진했습니다. 하지만 저는 집안 사정 상 그러지 못하고, 오전 9시부터 저녁 6시까지는 직장을 다니고 있었습니다.

인생의 터닝 포인트를 겪지 못했다면 저는 여전히 불평불만이 가득한 26살의 아이에 불과했을 것입니다. 그러나 저는 달랐습니다. 하루하루를 정진하고, 그 최선을 다했던 하루하루가 점점 쌓이고 있었습니다. 그렇지만 시험이 다가오면서는 그런 하루하루에 조금씩 마음의 금이 가는 상황이 보이기도 했습니다. 그러나 앞서 말씀드린 고승범 팀장님을 비롯한 이정희 과장님, 조영록 과장님 등 건강보험공단 직원들의 조언, 그리고 대학 시절 지도 교수님 민기 교수님을 떠올렸습니다. "행운과 기회는 잡는 것이 아니라 만드는 것이다, 그리고 그 기회와 행운은 하루하루의 노력, 즉 일상의 노력으로 만들어진 준비에서 온다."라는 민기 교수님의 말씀을 새기며, 희망을 잃지 않고 성실히 노력했습니다.

그리고 사회복지전담공무원으로 합격한다는 꿈을 매일 꾸었으며, 시험이 다가오면서 생기는 불안감을 잡고, 오히려 평소와 다름없이 꾸준히 공부하는 일상을 유지했습니다. 민기 교수님의 조언과 지도가 지금의, 사회복지전담공무원 김완필을 만드시는 데 큰 도움을 주셨습니다. 자주 연락드리며 감사의 말씀을 전하고 있지만, 인생의 위기와 시련마다 생각나는 교수님의 말씀이, 지금도 제 인생의 나침반이 되어주시고 있다는 것을 꼭 말씀드리고 싶습니다. 민기 교수님 존경하고 감사드립니다.

더불어 저의 제주대학교 행정학과 재학 시절 행정학과 소속 교수님으로 사회복지 교과목을 지도해 주시고, 지금도 제주의 사회복지 현장에서 자주 뵙고 인사드리는 제주대학교 미래융합대학 실버케어복지학과 남진열 교수님을 소개합니다. 남진열 교수님은 중앙대학교에서 사회복지학을 전공하셨으며(중앙대학교 사회복지학 박사 학위) 제주대학교에서 20년 넘게 연구 및 강의를 하고 계십니다. 제주특별자치도 사회복지공동모금회 배분분과위원, 한국사회복지협의회 기획연구과장을 역임하신 다양한 경력이 있습니다. 더불어 공공사회복지 및 민간사회복지에 각종 자문 역할 수행 및 토론회 참석 등 제주 사회복지학계의 리더 중 한 분으로 활발한 활동을 하고 계십니다. 2학년 2학기 군 전역 후 시작한 사회복지 연계전공에서 남진열 교수님과는 4학년이 되어 사회 복지 현장실습이라는 과목을 통해 인연을 맺었습니다. 그리고 4학년 2학기 저의 제주대학교 재학 시절 마지막 과목으로 학교사회복지론을 통해 만났으니, 저의 대학 시절의 마지막을 남진열 교수님과 보냈다고 할 수 있습니다.

제주대학교 행정학과는 저의 재학 당시 공무원을 준비한다고 하는 학생들 대부분이 행정직렬 공무원을 준비했으며, 사회복지직렬 공무원을 꿈꾸는 학생들은 상대적으로 적었기에, 사회복지 연계전공을 수강하는 제주대학교 행정학과 학생들도 적었던 것으로 기억하고 있습니다. 그 당시 남진열 교수님이 제주대학교 행정학과 소속으로, 자신의 학과에서 사회복지 연계전공을 수강하는 학생들을 대부분 기억하셨던 것으로 생각됩니다. 그중에서도 다행히 저를 성실한 학생으로 봐 주시어, 졸업 후 사회복지 전담 공무원은 되어 뵐 때도 반갑게 인사하고 맞아 주셨습니다. 제주대학교 미래 융합대학 실버케어학과로 옮기신 뒤에도 저와의 인연은 계속되어, 사회복지 현장실습 수강생들에게 사회복지전담공무원의 행정기관별 역할 및 기초생활보장의 이해라는 주제를 가지고, 제가 소통하며 강연할 수 있는 기회까지 주셨습니다. 수강생들로부터 좋은 호응을 끌어냈지만, 그 전에 교수님께서 선뜻 본인의 귀한 시간을 내어 주셨기에 진심 어린 강연 준비를 할 수 있었습니다. 남진열 교수님 감사드립니다.

앞서 세발자전거 이론을 말씀드렸습니다.

'사회복지의 완성은 정치·행정(공공사회복지)·현장(민간사회복지)이라는 사회복지라는 세발자전거의 축, 세 개 바퀴의 결합과 균형이라는 것', 세발자전거 이론입니다. 조금 더 정의를 확장시켜 의미를 부여한다면, 현장(민간사회복지)은 민간사회복지 현장 뿐만 아니라, 읍·면·동 지역사회보장협의체 및 복지 관련 자생 단체 그리고 명예사회복지공무원까지 포함하는 것이라고 생각합니다. 정책을 수립하기 전, 행정과 정치의 영역에서 민간사회복지 현장과 명예사회복지공무원 등 다양한 민간의 이야기에 귀를 기울여야 한다고 생각합니다. 진짜 사회보장 정책은 우리네 이웃들과 현장에서 나오는 것이라 저는 생각합니다. "기존 사회보장제도를 어떤 방식으로 보완했으면 좋겠다.", "이런 취약계층을 대상으로 하는 사회보장제도를 만들었으면 좋겠다." 등 다양한 의견과 생각을 행정과 정치에서 함께 소통했으면 좋겠습니다.

대한민국 공공사회복지에서 지역주민과의 협업이 필요한 영역 중 위기 가구의 발굴이, 한국의 사회보장제도에서도 큰 축을 담당하고 있다고 생각합니다. 그렇기에 협약을 통한 복지자원발굴·민관협력특화사업 추진·복지사각지대 발굴이라는 역할을 담당하는 읍·면·동 지역사회보장협의체 외 위기 가구 발굴을 전담으로 하는, 지역 주민의 자발적 참여를 통해 구성된 위기 가구 발굴 조직, '명예사회복지공무원'을 별도로 구성했다고 생각합니다.

자, 여러분들의 삶에 있어 희망은 존재하나요? 굉장히 답하기 어려운 질문일 것입니다.

대한민국 사회, 양질의 일자리에 취업하기에는 좁은 취업의 문과 고물가 행진이라는 소식들을 자주 접할 수 있습니다. 이처럼 희망적인 소식보다는 상대적으로 부정적인 소식들이 우리 사회의 공중파·일간지·인터넷 포털 등 다양한 채널의 뉴스 헤드라인을 채우고 있습니다. 문제는 이런 이야기들은 제가 들은 지도 십 년이 넘어가고 있다는 것입니다. 저의 취업 준비생 시절에도 이런 이야기는 존재했습니다. 선진국의 반열에 올랐다고 하지만 주머니 사정이 여의찮은 사람들은 여전히 어렵게 살아가고 있습니다.

앞서 질문드린 희망의 존재, 이렇게 어려움으로 직면한 우리 사회는 어느 순간부터 희망이 안 보인다 또는 희망 자체가 존재하지 않는다는 자조적인 말이 나돌기 시작했습니다. 앞으로의 대한민국은 이렇게 바뀌었으면 좋겠습니다. 희망이 보이기 시작했다 또는 희망은 존재하는 것이다 라는 말들이 많아졌으면 좋겠습니다.

제가 22살을 병원에서 맞이하고, 22살의 1월 2일에 심방중격결손 중재적 시술을 받으며 다짐하고 하늘에 기도했던 이야기 기억하시나요? 병원에 있으면서 제가 절망의 끝에 저 자신을 몰아세웠다는 것을 깨닫게 되었습니다. 세상을 너무나 조그마하게 바라봤던 저 자신을 반성했습니다. 만약 제가 시술이 성공하여 건강한 몸을 가지게 된다면, 다시 태어났다는 마음가짐으로 새로운 인생을 살겠다고. "10대의 불평불만 가득한 인생이 아닌 새로운 인생을 살아가겠습니다."라며 기도했습니다. 건강해진 몸으로 새로운 인생을 살게 된다면 희망의 의미를 가슴에 품고 사는 사람, 희망의 존재를 누군가에게 보여줄 수 있는 사람이 되겠다고 다짐했습니다.

나처럼 혹은 나보다 더 어렵게 살아가는 이들에게 포기하지 않고 긍정적으로 노력한다면 그들의 소중한 꿈을 이룰 수 있다는 것을, 나는 보여 주겠다. 그리고 그러기 위해 하루하루 치열하게 노력하겠다.

나는 작지만 소중한 누군가의 희망, 나아가 세상의 희망이 되겠다고. 그리고 그 출발, 그 희망이 사회복지의 길, 사회복지 전담 공무원이었습니다. 희망을 포기하지 않았고 성실하게 노력하였기에, 운이 좋아 사회복지전담공무원이라는 꿈을 실현할 수 있었습니다. 제가 희망을 포기하지 않고, 희망 만들기에 손을 놓지 않을 수 있었던 것은 앞서 말씀드린 많은 분들과의 인연이 있었기에 가능한 일이었습니다. 그리고 저는 지금도 많은 인생의 어려움에 직면해 있지만 희망을 놓지 않는 삶을 살아가고 있습니다.

지금까지 〈나는 제주의 희망배달부입니다〉, 〈우리 이웃들의 따뜻한 위로와 나눔 이야기〉라는 주제로 독자 여러분들과 이야기를 나누었습니다. 불평불만 가득한 아이에서 사회복지전담공무원이라는 꿈을 희망을 통해 실현할 수 있었던 청년의 이야기, 사회복지전담공무원으로 만났던 수많은 사람들과 우리 이웃들의 이야기 등 많은 이야기로 독자 여러분들과 소통했습니다.

저의 책을 읽어주셔서 진심으로 감사드립니다. 여러분들의 삶에 있어 이 책을 읽고 희망이 전해지기 시작했다면 저는 진심으로 행복하겠습니다. 저는 제가 희망이라고 생각합니다. 그리고 여러분들도 저의 희망입니다. 여러분들과 제가 함께하는 것이 우리가 살아가는 사회의 희망 만들기입니다. 희망을 잃지 않고 하루하루 일상에 정진하면 여러분들의 꿈을 실현할 수 있는 기회는 찾아올 것이고, 꿈은 현실이 되어 있을 것입니다. 희망을 가슴에 품고 살아갔으면 하는 바람으로 글을 끝맺습니다. 지금까지 제주의 희망배달부 김완필이었습니다. 감사합니다.

> 에필로그

세상 그 무엇보다
소중한 희망

10대의 저는 틀린 인생을 살고 있다고 생각했습니다. 철이 들면서 친어머니와 이복어머니, 친형제와 이복형제를 보며 나는 다른 평범한 사람들과 다른 인생이 아닌, 틀린 인생을 살고 있다고 고민하고 슬퍼했으며 때로는 자학하기도 했습니다. 현실을 받아들이기 어려웠던 10대의 김완필은 공부에 손을 놓고 꿈을 꾸지 않는 자신의 인생을 방임하는 삶을 살았습니다.

20대 초반에 겪었던 심방중격결손이라는 선천성 심장 질환과 그에 따른 중재적 시술, 개흉술보다 덜한 후유증이었지만 부분 마취로 시술을 받는 순간, 심장이 두근두근 떨리는 그 순간을 지금도 잊지 못하고 있습니다. 나의 건강까지 빼앗아 가는 하늘에 무심하다며 극단적인 선택까지 생각했습니다. 그러나 세상은 제가 생각한 것보다 훨씬 더 넓었습니다. 병원을 가득 채운 걷지도 못하는 아이들을 업고 달래는 부모님들을 바라보며, 잠시나마 어리석은 생각을 가졌던 저를 책망했습니다.

그리고 열심히 살아 보자고 다짐했습니다. 인간 김완필의 인생은 단 한 번의 인생만 존재합니다. 단 한 번의 인생 헛되이 살지 않고 하루하루 노력하는 삶을 살겠다고 마음을 다잡았습니다. 나는 틀린 삶을 살아온 것이 아닌 단지 나에게 주어졌던 상황들이 남들과는 다른 삶이었다고 생각을 바꾸고 희망을 꿈꾸었습니다. 남들과는 다른 가정에서 자란 제가 희망을 꿈꾸고 그 희망을 실현하는, 그리고 어려움을 겪는 누군가의 희망이 되고자 저는 사회복지전담공무원이라는 길을 걸어가기로 다짐했습니다.

운이 좋게 9급 사회복지전담공무원, 지방사회복지 서기보로 26살에 합격, 27살 1월에 임용되었습니다. 공무원이 되었던 저는 평탄하게 살아가지 못했습니다. 여러 가지 이유로 입직 5개월만에 사직서를 제출했습니다. 다행히 주변이 많은 분들의 도움으로 지금까지 11년 넘게, 제주의 희망 배달부로서의 삶을 살아가며 도서도 집필할 수 있었습니다. 만 11년 6개월이라는 시간에 저의 삶은 다양한 경험과 어려움을 겪었습니다.

31살의 저에게는 친어머니에게 폐암이라는 어두움이 찾아왔습니다. 그 어두움은 너무 짙어 빛을 찾기 힘들었습니다. 이미 말기라는 상황에서 어머니는 1년간 투병하셨고, 저는 무급의 가사휴직(간병휴직)까지 하면서 어머니를 돌봤습니다. 어머니가 소천하시고 몇 년 동안 어머니가 계신 곳을 찾아뵈면 어머니에게 더 잘해드리지 못했다고 죄송하다고 울먹였습니다. 아쉬움이 매우 컸습니다. 지금은 어머니께서 하늘에서 저의 행복을 빌어 주신다고 생각하며 나중에 만날 어머니에게 부끄럽지 않은 삶을 살기 위해 열심히 살아가고 있습니다.

제가 35살이 되던 해 3월 봄기운이 찾아올 무렵, 아버지는 뇌경색으로 쓰러지셨습니다. 아버지는 이복 어머니와 촌에서 감귤 농사를 지으셨습니다. 불과 쓰러지기 며칠 전에도, 과수원에 다녀오셨고 쓰러지셨던 날 전일에도 건강하게 일상을 보내고 계셨습니다. 새벽녘에 쓰러진 아버지를 보러 응급실에 갔을 때, 아버지는 조금의 의식만을 간신히 부여잡고 있었습니다. 저를 보시고 아버지는 의식을 잃었고 긴급히 수술에 들어갔습니다. 몇 시간 동안의 수술, 그리고 그해 연말이 되어서야 아버지는 간신히 집으로 돌아올 수 있었습니다. 입원이 1년 가까이 걸린 이유는 재활 치료의 목적도 있었지만, 의식이 돌아온 아버지가 와상 상태로 전혀 움직이지 못했기 때문입니다. 누군가의 도움으로 병상에서 일어나 화장실에 갈 수 있을 정도가 되어 집으로 오실 수 있었지만, 아버지는 지금도 후유증을 앓고 계십니다. 우측 편마비로 오른쪽 손의 기능을 잃고, 오른쪽 발에 힘을 주며 걷지 못하십니다. 무엇보다 말씀을 잃어버리신 것이 가장 큰 슬픔입니다. 아버지께서 입원하는 동안 간병인이 잠시 자리를 비우면, 저도 병원에 가서 아버지를 돌본 경험이 있습니다. 대소변 조절 능력도 부족했던 와상 상태의 아버지는 기저귀에 대소변을 보시는 경우가 일상이었습니다. 그 대소변을 받고 기저귀를 갈던 경험도 저에게는 힘들고 슬픈 경험이 아닙니다. 아버지는 어렸을 적 저의 기저귀를 갈아주고, 정성스럽게 돌봐주셨을 것입니다. 그것보다 더 슬프고 힘든 것은 말씀을 잃어버린 아버지의 모습입니다. 인지하고 표현하며 소통하고 싶지만, 말씀을 못 하시는 아버지의 모습을 보며 지금의 저는 슬픔이 밀려오고는 합니다.

저는 사회복지 정책 전문가를 꿈꾸었습니다. 읍·면·동 현장 근무 경험이 많았던 저는 현장의 사회복지 경험을 사회복지정책에 녹여내고 싶었습니다. 정책 기획을 총괄하는 도청의 문을 여러 번 두드렸지만, 그 문은 열리지 않았습니다. 그러나 저는 포기하지 않았습니다. 이제 인사교류를 할 수 있는 근무 경력도 지났다는 이야기에도 희망을 놓지 않았습니다. 그런 저에게 제주특별자치도청 전입 시험이 생겨났다는 소식이 들려왔습니다. 전입 시험에서는 근무 경력도 상관없었습니다. 그리고 제가 봤던 전입 시험은 지필 평가의 방식이 아닌, 제한 시간 안에 문제를 보고 해결하는 기획서 작성 평가 방식이었습니다. 운이 좋아 저는 제주특별자치도청 전입 시험에 합격했고 2024년 1월 제주특별자치도청 복지가족국 복지정책과로 발령받았습니다.

그러나 저는 몇 달 뒤 공황발작으로 당분간 쉬었으면 좋겠다는 의사의 권유를 받고, 휴직계를 제출했습니다. 배우로 비유하자면 연극계에서 유명했던 배우가 드라마라는 대중 매체로 진출하고 어려움을 겪는 경우로 저의 상황을 설명해 드릴 수 있겠습니다. 힘들었다는 이야기가 아닌, 결이 달랐다는 이야기로 말하고 싶고, 죽을 것 같은 상황에도 사무실과 일 생각이 제 머릿속에는 꽉 찼었습니다. 그러나 의사의 이야기를 듣고 당분간은 저의 몸과 마음에 안정이 필요하다는 생각이 들어 휴직을 선택했습니다.

휴직하는 동안 몸과 마음을 회복하며 제가 인생을 살면서 꼭 해 보고 싶었던 일들을 해 보자는 계획을 세웠습니다. 공황발작을 겪으며 죽다 살아나는 경험을 겪으니, 휴직하는 동안에만 할 수 있는 일들, 내가 꼭 해 보고 싶었던 일들에 도전해 봐야겠다고 다짐했습니다. 그 일들이 도서 집필과 강연입니다. 도서 집필을 위해 50개가 넘는 출판사에 투고했으며, 제주도 내 3개 대학교 사회복지 관련 학과에 강연 제안서를 보낸 사람이 바로 휴직하는 동안의 저 김완필입니다.

공황장애는 절망이었지만, 그 절망 속에서 미다스북스와의 인연이 시작되어 제 인생 첫 번째 책이 탄생했습니다. 제주대학교 실버케어복지학과 사회복지 연계전공 수강생들 앞에서 강연할 수 있는 기회도 그 절망에서 나온 결과물입니다. 공황장애를 겪으면서도 저는 희망을 포기하지 않았고, 저의 희망과 꿈을 실현하기 위해 노력했기에 뜻깊은 결과물을 얻을 수 있었습니다. 저의 인생 버킷리스트의 일부를 이루어 낼 수 있었습니다.

저의 인생은 이렇듯 기쁜 순간이 찾아오면, 어느 순간 어려움이 찾아 왔으며, 그 어려움 속에서도 다시 또 다른 긍정의 결과물을 얻어 내기도 했습니다. 순간의 상황에서, 제가 항상 놓지 않는 것은 바로 저의 희망입니다. 희망을 놓아 버렸다면 사회복지전담공무원이라는 일을 하지 못했을 것이며, 부모님의 건강에 너무나 힘들어했을 것이고, 공황장애에 일상생활도 불가능했을 것입니다.

저는 희망을 갈대의 씨앗에 비유합니다. 갈대는 바람에 흔들릴지언정 꺾이지 않습니다. 여러분의 희망도, 스스로가 놓아 버리고 꺾지 않는 이상 사라지지 않을 것입니다. 그리고 여러분의 희망은 세상 그 무엇보다 소중합니다. 내 스스로 나의 희망을 소중하게 간직하며, 절망이라는 폭풍우 속에서도 희망을 품고 버틴다면 여러분이 꿈꾸는 그 무언가는 역경에 흔들릴 수는 있겠지만 성숙한 갈대로 피어날 수 있을 것입니다.

앞에서 이야기를 마무리하며 제가 희망이며, 여러분들이 저의 희망이라고 이야기했습니다. 그리고 제가 책을 쓰고 여러분들이 책을 읽고 무언가 느낀다면, 즉 우리가 함께한다면 그것이 우리가 살아가는 사회의 희망만들기라고 표현했습니다. 여러분들이 힘들 때, 제 책을 한 번 읽어 봐 주세요. 그리고 갈대의 씨앗, 희망을 소중하게 품으세요. 폭풍이 지나가면 소중하게 품었던 갈대의 씨앗 희망이 뭉게뭉게 올라, 갈대라는 희망과 꿈의 실현이 되어 여러분 앞에 나타날 것입니다. 세상 그 무엇보다 소중한 여러분들의 희망, 여러분들의 가장 힘들고 어려울 때 꼭 꺼내서 소중히 안아 주고 품어 주세요. 그리고 삶을 살아가며 그 과정들을 반복하여 나간다면 우리는 어느 순간 더 멋진 어른이 되어 있지 않을까 생각합니다.

감사의 말

나의 복지 멘토님들, 그리고 고마운 분들

　　제가 공공사회복지 현장에서 일한 지 국민건강보험공단 제주지사 노인장기요양센터의 경력(2012년 6월 시작)까지 합치면 만으로 12년이 넘었습니다. 제가 1987년생이고 이 도서를 집필하는 시기가 2024년으로 만 37세의 나이에, 즉 제 인생의 3분의 1을 공공사회복지 현장에서 몸담고 일을 해왔습니다. 그만큼 많은 분들과의 인연이 있었습니다. 그중 몇 분을 소개하고자 합니다.

　　사회복지전담공무원으로 입직하기 전, 국민건강보험공단 제주지사 노인장기요양센터 인턴으로 5개월간 근무했습니다. 그곳 직원 중 노인장기요양보험의 등급 판정 등의 업무를 담당하는 직원들을 요양직 직원이라고 불렀습니다. 요양직 직원들은 두 가지 분류로, 첫째 노인장기요양제도 도입 시기에 채용된 직원들로 간호사·사회복지직 공무원 등 경력 채용으로 들어온 직원들, 둘째 기존 국민건강보험공단 직원들 중 전직한 직원들이었습니다.

고승범 팀장님과 저와의 인연도 그곳에서의 근무에서 시작되었습니다. 그 당시 고승범 팀장님은 전직자로 실무를 담당하고 있었습니다. 제가 사회복지전담공무원을 준비한다고 말씀드리니 공부 방법에 진심 어린 조언을 해주셨습니다. 그 당시 국민건강보험공단 제주지사 노인장기요양센터 직원분들이 여러 조언을 해주시고 저를 친절하게 대해주시어 감사드리며, 특히 고승범 팀장님은 제 집안 사정도 이해하여 주시고 고등학교 동문이라는 말에 함박웃음을 지으시며 잘 챙겨 주셨습니다. 그래서 지금도 잊지 않고, 현재까지 인연을 이어오고 있습니다. 팀장님 덕분에 공부의 방향과 방법을 알, 사회복지전담공무원 필기시험에 합격 및 면접시험까지 합격할 수 있었다고 생각합니다. 특히나 중요한 시험에 임하는 마음가짐 관련, 진심 어린 조언을 듣고 주경야독이라는 어려운 상황 속에서도 착실하고 성실하게 시험을 준비해 나갈 수 있었습니다.

고승범 팀장님은 제14회 자원봉사자의 날(2019년 12월 5일) 기념 전국 자원봉사자대회에서 대통령 표창의 영예를 안았습니다. 2000년 1월부터 지역봉사단원으로 봉사활동을 시작하면서 2000년 3월에는 주거개선 봉사활동 중 좌측 눈이 실명되는 사고를 당하기까지 했지만, 봉사활동을 멈추지 않았습니다. 불편한 눈으로 꾸준한 봉사활동과 본인의 업무에 열정적으로 임하셨습니다. 또한, 2005년부터는 탐라장애인종합복지관과 노인복지센터의 대상자 협조를 받아 쌀·이불 등의 생활필수품을 홀로 사는 어르신 및 장애인 등 사회 취약계층에 직접 전달하는 등 나눔 문화 조성에 앞장서고 계십니다. 2016년부터는 본인이 거주하는 지역의 '바르게살기운동'과 장애인협의회 활동을 하면서, 바쁜 직장인의 시간을 쪼개어 클린하우스 청소와 기초질서 지키기 등의 자원봉사 활동을 전개하는 등, 내가 사는 지역의 복지 발전에도 최선을 다하셨습니다.

고승범 팀장님은 공공사회복지에 몸담고 계신 분 중 제가 멘토로 모시며 지금까지 인연도 맺고, 조언도 구하며 지내고 있는 분입니다. 특히나 저 역시 바쁜 직장인으로 정기 기부는 소액으로 하고 있지만, 본인의 휴식 시간을 반납하며 봉사활동을 한다는 것은 매우 어려운 일인데 몇십 년간 지속하여 해오신 점, 그리고 봉사활동 중 눈을 다치어 너무나 힘드셨을 상황에도 잘 이겨내시어 사회의 구성원으로서 최선을 다해 살아가시는 점을 존경합니다. 제가 어려울 때나 기쁠 때나 함께해주시며, 도와주시고 함께 웃어주시는 고승범 팀장께 진심으로 감사의 말씀 드립니다. 팀장님과 인연을 맺었기에 제가 사회복지 전담 공무원의 길로 들어설 수 있었다고 생각합니다. 다시 한번 감사의 말씀 드립니다.

공공사회복지의 또 다른 멘토로는 김성진 과장님이 있습니다. 김성진 과장님은 제주특별자치도청에서 과장을 역임하셨습니다. 광역자치단체의 과장은 4급 서기관 보직으로 기초자치단체에서는 국장입니다. 사회복지 전담 공무원(사회복지 재직)의 부서 배치가 한정적이고, 그 직위를 행정직렬과 배분하려면 사회복지전담공무원의 광역 지자체 과장급 보직 배치는 쉬운 일이 아닙니다. 사회복지전담공무원으로 30년 넘게 근무하시면서 도청의 과장(지방서기관)까지 승진했다는 것은 그만큼의 상징성이 있다고 볼 수 있습니다.

김성진 과장님은 1990년대 초반 사회복지전문요원으로 별정직으로 입직, 2000년대 초반 사회복지전담공무원의 광역지자체 배치가 시도되면서 제주도청으로 전입 가셨기에, 저는 책으로 그분을 처음 접했습니다. 사회복지전담공무원의 역사는 생활보호사업의 문제점을 해결하고 보다 효율적으로 운영하기 위하여 1987년부터 대도시 저소득층 밀집 지역을 중심으로 사회복지사 자격증을 소지한 사회복지전문요원을 배치하는 것으로 시작되었습니다. 우연하게도 제가 태어난 해부터 사회복지전담공무원도 태동했습니다. 제주에서도 1991년 사회복지전담공무원의 배치되기 시작했습니다. 제가 봤던 책은 제주사회복지행정연구회(복지 정보 교류를 통한 지식 공유화로 사회복지 전문가 자질 함양을 위한 전국 규모의 한국사회복지행정연구회 소속의 사회복지전담공무원들의 단체)에서 제주 사회복지전담공무원 임용 20주년을 기념하여 발간한 책으로, 김성진 과장님을 그 책에서 만날 수 있었습니다. 책에는 김성진 과장님의 인터뷰가 실려 있었고, 사회복지전담공무원으로 입직하기 전 인생 이야기와, 입직 후 사회복지전담공무원으로 활동했던 이야기가 있었습니다.

김성진 과장님의 사회복지전담공무원으로 임용되기 전, 달동네 친구들을 위해 도움을 요청하는 편지를 곳곳에 띄었다는 글에 그분의 따뜻한 인품이 보였습니다. 그리고 입직 후 사회복지전담공무원의 발자취는 '열정'이라는 단어 한마디로 정의 내릴 수 있습니다. 김성진 과장님 제주특별자치도 감사위원회 근무 시절, 행정안전부와 SBS가 공동으로 주관하고 농협중앙회가 후원하는 제15회 민원봉사대상에서 본상을 2011년에 수상했습니다. 행정안전부 누리집을 통해 제15회 민원봉사대상은 지방특별행정기관·지방자치단체·농협중앙회 등 40명을 추천받아 주요 공적을 심의 후, 대상 1명·본상 13명·특별상 3명 등 27명의 수상의 영광을 안았다는 사실을 알게 되었습니다. 제15회 민원봉사대상에서 본상을 수상하신 김성진 과장님의 주요 공적은 아래와 같습니다.

노인들의 욕구 파악과 문제 발생 시 즉각적 처리로 노인 안전망 역할의 '혼자 사는 노인 요쿠르트 지원'(전국 최초 시행, 대상 어르신 5,910명), '노인 3터치 프로그램'(따뜻한 식사, 그윽한 전통차, 신나는 노래방) 운영으로 노인 문화복지서비스 제공(32회 운영), 노인과 청소년의 세대공감 및 정보를 교환, 대화로 세대 차이를 극복하는 '세대 교환 토크쇼(Talk Show) 운영'(토크쇼 20회), 온라인과 오프라인에서 네트워크 통한 정보교류 및 아이디어 창출을 위한 '응용복지 포럼 운영'(온라인상 6,167명 방문), 저소득층을 위한 「무보증, 무담보」 기금융자 조례 제정(전국 최초시행) 등 다양한 활동을 해 왔습니다.

도청에 전입해 오기 전 동사무소에서 근무하시면서 추진했던 사업들도 있고, 조례 제정 등 도청에서 추진했던 사업들도 있습니다. 열정이란 단어 한마디로 정의 내릴 수 있는 분이시지요? 그런 김성진 과장님이 6급 실무자를 거치어, 5급 승진 후 제주시청으로 인사 발령받아 오셨습니다. 김성진 과장님은 제주시에 오시면서 기초생활보장과장 등을 역임하셨습니다. 제가 제주시청 기초생활보장과에 발령받은 시기에, 경로장애인과장으로 자리를 옮기시어 같이 근무할 기회는 없었지만, 인연이 필연으로 존재하는 경우가 있다는 말처럼, 김성진 과장님과는 다른 인연이 있었습니다. 국민건강보험공단 제주지사 노인장기요양센터의 고승범 팀장님과 김성진 과장님은 고등학교 동창으로 친한 친구 사이였고, 덕분에 저도 김성진 과장님과 같이 근무해 본 적은 없었지만 자주 찾아 뵙고 연락드리는 인연을 맺을 수 있었습니다. 김성진 과장님이 도청으로 다시 전출 가시고, 4급 서기관 과장님으로 승진하시며 퇴직하시기 전까지 저는 도청에 전입하지 못하여 직장에서의 인연은 없었습니다. 하지만 언제든 인사를 드리면, 반갑게 맞아 주시고 격려의 말씀을 아끼시지 않았습니다.

사회복지전담공무원이라는 사회적 역할은 공무원이라는 직업이기 때문에 창의적이지 못한다는 생각을 해본 적이 있습니다. 사회보장급여의 선정 관련의 경우처럼 철저하게 법령을 준수하고, 복지자원 배분이 공정하게 이루어져야 한다는 생각이 들 때, 김성진 과장님이 인터뷰를 읽고 생각의 많은 변화를 가지게 되었습니다. 사회복지전담공무원은 공무원이기에 청렴하고, 법령의 준수가 기본적이지만, 사회복지전담공무원이기에 취약계층을 도울 방법을 스스로 강구할 줄 알아야 하며, 못한다는 생각은 접고 도전하고 혁신적인 마음으로 직업의식을 가져야 한다는 것을 김성진 과장님에게 배울 수 있었습니다. 여러 번 뵈었지만, 구김살 없이 늘 적극적인 모습으로 긍정의 기운을 불어넣어 주신 김성진 과장님께 감사의 말씀 드립니다.

마지막 공공사회복지 현장의 멘토님은 현재 제주시 중앙노인복지센터장으로 노인복지를 위해 최선을 다하는 오수현 센터장님입니다. 저에게는 어머니와 같은 존재입니다. 센터장님은 사회복지전담공무원 팀장님으로 퇴임하셨고, 실무자로 근무할 시기에 저와의 인연이 시작되었습니다. 제가 공직에 입직 후 얼마 되지 않아 사직서를 제출하는 상황에, 사회복지전담공무원 선배님으로 많은 조언과 격려를 아낌없이 해 주셨습니다. 제 얼굴조차 모르셨지만, 사회복지전담공무원 후배의 사직 소식을 듣자마자 전화를 주셨던 그 모습 잊지 않고 있습니다. 저도 그런 용기 있고 훌륭한 선배가 되기 위해 노력하고 있습니다.

그리고 민간사회복지 현장의 멘토님을 소개하겠습니다.

민간 사회복지 현장은 제가 한 번도 직장인으로 경험하지 못한 곳입니다. 대학교 4학년 1학기 여름방학 4주 동안 제주시에 있는 영락종합사회복지관에서 사회복지 현장실습을 겪어 본 경험이 전부입니다.

그렇지만 읍·면·동 지역사회보장협의체 담당 및 지역 내 사회복지시설 종사자 여러분들과 적극적인 교류를 펼치며, 민간사회복지 현장의 사회복지사분들과의 인적 네트워크도 구성하게 되었습니다. 민간사회복지의 인적 네트워크 중 멘토로 꼽을 수 있는 분은 두 분입니다.

먼저 앞서 소개해 드렸던 .2018년 10월 제주특별자치도 보건복지여성국장님으로 임태봉 국장님입니다. 민간사회복지 현장에서 30년의 경력을 가지신 분으로 최초의 직선제 선거의 제11대 제주특별자치도사회복지사협회장을 역임했습니다. 더불어 서귀포시장애인종합복지관장 및 추대 형식으로 취임한 제12대 제주특별자치도사회복지사협회장 재임기간 중 개방형 직위 제주특별자치도 보건복지여성국장에 응모하여 임용되셨습니다. 무엇보다 제주특별자치도사회복지사협회 회원들의 선택을 받은 첫 직선제 회장이셨다는 점에 특별한 의미를 둘 수 있습니다.

임태봉 국장님은 제주 사회복지계의 산증인입니다. 1989년 제주특별자치도장애인종합복지관 직원으로 사회복지계에 발을 디딘 국장님은, 30년 넘게 민간사회복지 현장과 공공사회복지에서 도민의 복지 증진을 위해 최선을 다해 오셨습니다.

    2000년 제주도장애인종합복지관 사무국장을 거쳐 2008년부터 서귀포시장애인종합복지관 관장으로 부임해서는, 서귀포시장애인종합복지관을 보건복지부 선정 '장애인종합복지관 최우수 기관'으로 이끌어 내는 등 괄목한 성과를 거두셨고, 말씀드린 첫 직선제 제주특별자치도 사회복지사협회장, 제주특별자치도사회복지사협회장의 연임 및 개방형 직위로 3급 부이사관 보건복지여성국장 채용 등 다양한 사회복지 영역에서 활동하셨습니다. 저와의 인연은 4년의 보건복지여성국장 재임 시절 맺게 되었습니다. 임태봉 국장님에게 제가 글월을 띄우게 되었습니다. 제주특별자자치도의 자체사업으로 노인복지분야 1개 사업 및 장애인복지분야 1개 사업을 건의 및 제안했고, 사회복지전담공무원에서 나아가 사회복지(보장)정책 전문가를 꿈꾸는 저의 포부를 말씀드렸습니다.
    저의 부족한 솜씨의 글월에도 불구하고, 임태봉 국장님은 답신과 더불어 저를 직접 만나고자 하셨습니다. 그 당시 저는 7급으로 승진한 지

1년도 채 안 되었고 공무원 전체 경력도 6년이 넘은 말단 공무원 신분이었습니다. 그런 제가 기초자치단체 부시장 직위로도 본청 국장님을 뵙는 것은 영광스럽고, 한편으로는 바쁘신 국장님에게 폐를 끼치는 건 아닌가 하는 염려도 있었습니다. 다행히 임태봉 국장님은 저의 제안을 잘 읽어 보셨다고 칭찬을 해 주셨고 기분 좋은 첫 만남을 시작으로 하여, 지금까지 인연을 이어오고 있습니다. 특히나 국장님께서 저의 열정을 높게 평가하여, 도청 인사 부서에 저를 추천해 주셨는데, 제가 그 당시 아토피성 질환으로 몸이 안 좋아 도청에 전입하지는 못했지만, 저를 긍정적으로 평가해 주셨다는 점을 지금도 저는 기억하고, 감사하는 마음을 간직하고 있습니다.

임태봉 국장님은 2년 임기 후, 2년을 연임하여 4년을 제주특별자치도청 보건복지여성국장으로 재임하시면서, 많은 일들을 추진하고 성과를 창출했습니다. 임태봉 국장님과 퇴직 후 말씀을 나눌 수 있는 기회가 있었습니다. 2020년 코로나19가 발생하면서 보건복지여성장으로서 보건 의료 분야에 조금 더 중심을 두게 되었고, 그래서 후반기 2년 동안에는 사회복지 분야에 많은 투자를 하지 못해 아쉽다고 하셨습니다. 그렇지만 저는 임태봉 국장님의 제주특별자치도청 보건복지여성국장으로 채용되면서 제주의 사회복지가 많은 발전을 이루었다고 생각합니다. 그 성과는 다음과같이 말씀드릴 수 있습니다.

　　임태봉 국장님은 2018년 10월 1일 자로 개방형 직위의 제주특별자치도청 보건복지여성국장으로 채용되었습니다. 그러나 10월은 예산 편성 시기 관련하여, 이미 2019년도 예산이 확정되어 사업 추진이 현실적으로 힘든 상황이었습니다. 그럼에도 불구하고 사회복지 종사자의 처우개선을 위해 사회복지시설 종사자 대상 복지포인트 지급 사업을 2019년 추가경정 예산으로 긴급 편성하여 도입했습니다. 복지포인트 지급 사업은 사실 2020년 시범사업으로 추진할 예정이었으나, 추가경정 예산을 통해 1년을 앞당겨 시행할 수 있었습니다. 더불어 민간 사회복지 영역에서는 사회복지사 대체 인력 지원 사업 확대, 사회복지사들의 힐링·교육·소통의 공간으로 복지이음마루를 설치했습니다. 장애인 복지 분야에서는 19개의 장애인단체가 입주하여 단체 간 원활한 소통과 연대의 장을 마련하게 된 제주혼디누림터 개관, 발달장애인 복지관 우리복지관 개원, 장애인직업재활시설에 종사하는 장애인 당사자의 임금 보전 사업 등을 추진하셨습니다.

그리고 사회복지 전담공무원의 처우 개선으로 도 본청 내 조직(직제) 개편(복지청소년과 –〉 복지정책과, 국 주무과로서 복지정책의 총괄·기획·수립·조정을 위해 특정 대상자가 아닌 총괄적인 의미를 내포하는 명칭 변경, 노인장애인과 –〉 노인복지과·장애인복지과 분과), 4급 및 5급 사회복지전담공무원(사회복지직렬) 승진 임용 확대를 위해 노력하셨습니다. 더불어 원스톱 복지 서비스 구현의 통합복지 하나로 사업 시행, 탈시설화의 중앙부처 시행 사업 커뮤니티케어 시범 사업의 적극적 추진(제주시: 장애인 분야 커뮤니티케어 시범 사업 참여, 서귀포시: 노인 분야 커뮤니티케어 시범 사업 참여) 등 다양한 공공복지 분야의 사업을 추진하셨습니다.

임태봉 국장님이 추진하신 공공사회복지 사업 중 통합복지하나로 사업이 가장 기억에 남습니다. 그 당시 탈시설화 바람이 불어 커뮤니키 케어 사업이 전국 시범사업으로 진행되었습니다. 임태봉 국장님께서는 내가 사는 지역에서 돌봄을 받는다는 복지 모델의 전제는 원스톱 복지 전달 체계의 확립이라고 말씀하셨습니다. 복지서비스의 분절성·중복성을 최소화시키는 것입니다.

예를 들어 동 주민센터에서 A라는 대상자에게 쌀 10kg 1포를 전달했는데, 종합사회복지관에서 이것을 모르고 며칠 뒤 또 쌀을 전달한다면 복지서비스는 중복되는 것이며, 공공과 민간의 사회복지 영역이 분절화되어 있다는 현실에서 그 원인을 찾을 수 있다는 것입니다. 통합복지하나로 시범사업은 초기 제주시 노형동·아라동 및 서귀포시 동홍동에서 추진되었습니다. 제가 노형동주민센터에서 근무할 시기에 시범사업이 추진되었습니다. 저는 다른 팀에서 근무했지만(노형동은 그 당시 복지팀이 2개였습니다) 통합복지하나로 시범사업을 추진하는 팀과 긴밀히 소통하고 협력했습니다.

 그리고 사람의 인연이라는 것을 다시금 알 수 있었던 에피소드가 노형동주민센터에서 있었습니다. 제주시 노형동에 발령받기 1년 전 제주시 한림읍사무소에서 긴급지원 업무를 담당했었습니다. 위기 상황에 처한 대상자에게 소득·재산 기준을 충족하면 신속히 지원하는 긴급지원 업무는 특히 의료지원이 많았고, 제주시 한림읍의 특성상 서부지역에 위치한 ○○병원에서 긴급지원 의료지원 문의가 자주 들어왔습니다. 긴급지원 의료지원은 공공과 대상자의 중간에 있는 의료(병원)사회복지사의 역량이 중요한데 ○○병원 오연미 사회복지사는 이를 아주 충실히 잘 해냈습니다. 도움을 많이 받아 제가 여러 번 고맙다는 이야기도 나누었습니다. 그 ○○병원에서 근무했던 오연미 사회복지사를 제주시 노형동 주민센터에서 1년 뒤 다시 만났습니다. 통합복지하나로 시범사업 기간제 통합사례관리사로 채용되었습니다. 반가운 마음에 인사를 나누었지요. 시범사업 추진으로 어려웠겠지만, 미소를 잃지 않고 최선을 다하여 업무에 임하는 점에, 제가 오히려 많은 것을 배울 수 있었던 분이었습니다. 같이 근무할 수 있어서 매우 좋았습니다.

그리고 임태봉 국장님은 보건의료분야에도 뜨거운 발자취를 남기신 것으로 알고 있습니다. 코로나19 팬데믹 상황에서는 매일 밤을 새우며, 오전에는 브리핑을 열었습니다. 70만 인구의 제주 기준이 아닌 관광지로서 100만 상주 인구의 제주 기준으로 지역 특성을 반영한 철저한 방역 정책을 직원들과 함께 논의하면서 며칠을 귀가도 못했습니다. 평시에 1년도 하기 힘든 보건 의료 방역 분야를 코로나19 팬데믹 상황을 겪으면서도, 그만두시지 않고 수행하셨다니, 존경스럽습니다. 만약 코로나19 팬데믹이 없었다면 후반기 2년 동안에, 사회복지에 방점을 찍는 사업을 기획하셨을 것 같은 약간의 아쉬움도 남지만, 저는 제주특별자치도 행정의 보건·복지·여성·가족의 수장으로서 4년 동안 밤낮으로 최선을 다하신 임태봉 국장님에게 존경의 박수를 보내드리고 있습니다. 더불어 보잘것없는 하위직 공무원의 목소리에도 귀 기울여 주셨던 모습 잊지 않을 것이며, 앞으로도 좋은 인연 이어 나가도록 노력하겠습니다. 저도 국장님과 같은 훌륭한 리더가 되기 위해 정진하겠습니다. 감사합니다. 국장님.

민간사회복지의 또 다른 저의 멘토는 양창오 제주특별자치도 장애인생산품판매시설 원장님입니다. 장애인생산품판매시설. 혹시 들어 보셨나요? 조금은 생소하실 수 있어 앞서 시설 소개부터 하겠습니다.

장애인생산품판매시설은 장애인복지법에 의거. 대통령령으로 정한 시설로, 제주에는 1996년 설립돼 장애인생산품의 판매 활동 및 유통을 대행하고, 장애인생산품이나 서비스 또는 용역에 관한 상담·홍보·판로개척 및 정보제공 등 마케팅을 지원하고 있습니다. 특히 중증장애인생산품 우선구매기관인 국가기관·지방자치단체·공공기업 등에 조달·납품, 그리고 중증장애인생산품 우선구매특별법 제7조에 의거해서 공공기관의 중증장애인생산품을 구매함에 있어 수의계약을 대행하는 등의 필요한 업무를 수행하는 보건복지부 소관 장애인복지시설입니다. 장애인생산품판매시설업무상 제품을 유통해야 하는데, 일반 소

> 비자의 유통은 물론이며, 중증장애인생산품 우선구매특별법에 따라 국가기관, 지방자치단체, 공공기업에서 구입하는 물품 중 100분의 1%는 중증장애인생산품을 구매토록 하는 법에 의거해서 우선 구매기관에 주로 조달하고 있습니다.

 양창오 원장님은 2007년 제2대 제주특별자치도 장애인생산품판매시설 원장으로 취임하시고, 2015년 보건복지부 주관 시설 평가에서 제주특별자치도 장애인생산품판매시설을 7년 연속 우수기관으로 이끄셨습니다. 더불어 2015년 중증장애인 우선구매 활성화를 위한 민관 합동 워크숍에서 중증장애인생산품의 판매를 촉진하고 품질을 향상시키는 데 노력해 중증장애인의 직업재활과 소득 창출에 이바지한 공로를 인정받아 유통 부분 보건복지부장관 표창을 수상하셨습니다. 양창오 원장님은 2024년 7월 현재까지도 제주특별자치도 장애인생산품판매시설 원장님으로 제주 장애인복지 발전을 위해 최선을 다하고 계십니다.
 지체장애를 앓고 있는 친척과 생활하면서 장애인 복지에 관심을 갖게 된 양창오 원장님은 1994년부터 제주도장애인종합복지관에서 근무하셨습니다. 제주 장애인 복지계에서 일을 하시면서 장애인과 가까이 생활하고 그들을 관리하며 피부에 와 닿았던 점은 비장애인들과 차별 없이 일을 하고 싶은 장애인들의 마음이었습니다. 양창오 원장님은 2007년 제2대 제주도장애인생산품판매시설 원장이 되고, 사업 목표에 비장애인들과 차별 없이 일을 하고 싶은 장애인들의 마음을 그대로 반영했습니다. "중요한 것은 장애인생산품이 많이 팔려야 수익금이 그들에게 돌아갈 것이고 장애인 고용이 확대되는 법."이라며 "무리라고 여겼지만 취임 당시 매출액 10억 목표를 선언하며 활동에 임했다."고 말씀하셨습니다. 초기 높은 매출액 달성을 위해 홍보에 매진했지만, 장애인이 만들었다는 이유로 생산품에 결함이 있다는 선입견과 중증장애인생산품 우선구매 특별법 우선구매기관(국가기관, 교육기관, 자치단체, 공기업 및 준정부기관 등)의 판로 확대 등에 어려움이 있었다고 합니다.

이에 학교운영위원장, 체육회 이사, 자율방범대장 등의 직책을 도맡으며 한 개의 생산품이라도 더 알리기 위한 발품을 팔았습니다. 탐라문화제, 왕벚꽃잔치 등 도내 행사에서 진행한 판매전시도 꾸준히 이어가는가 하면 타지역 시설에서 먼저 접근하지 않았던 홍보 책자, 영상 제작에도 앞장섰습니다. 임기 초기 6억 원이던 한 해 총매출액은 20214년 30억 원에 도달했습니다. 초기 목표로 잡았던 10억에서 3배나 오르며,

전국 관련 업계의 모범사례로 꼽히고 있습니다.

그리고 양창오 원장님은 제주시 이도2동지역사회보장협의체 위원으로 활동하셨습니다. 제가 임지를 옮기고 나서는 남성 부위원장으로도 활동하시는 등 열정적으로 수년 동안 활동에 임하고 계십니다. 앞서 가장 기억에 남는 이도2동지역사회보장협의체 활동으로 꼽은 '장애인취업박람회 동네잡(job) 행사'를 기획한 분 중 한 명이 양창오 원장님입니다. 이도2동지역사회보장협의체 위원장님을 중심으로 담당공무원, 박상현 한라원장애인직업재활시설 원장님과 사업 기획에 참여하여 사업의 성공을 이끌어 내신 분입니다. 장애인취업박람회 동네잡(job) 행사는 시·군·구 단위가 아닌 읍·면·동에서 주(최)관 하는 행사로 큰 행사를 거두었고, 수년간 계속하여 개최되고 있습니다. 지역의 특색을 담는 데만 그치는 특화사업이 아닌 비장애인들과 차별 없이 일을 하고 싶은 장애인들의 마음을 담은 행사라는 점이 특징입니다.

장애인의 취업을 통한 사회 사회 참여와 자립·자활의 기회를 제공하고, 장애인을 수동적인 존재로 인식하는 것이 아닌 적극적인 삶의 주체의 지역 사회 구성원으로서 바라보는 인식 변화 등, 장애인과 비장애인들 모두에게 좋은 경험을 남기고 있는 행사입니다. 양창오 원장님이 없었으면 불가능한 행사였다고 생각합니다. 이도2동지역사회보장협의체 활동에 적극 참여하시면서, 장애인 근로자들의 희망을 만들겠다는 원장님을 존경합니다.

그리고 행정고시 출신으로 관리직 공무원에 재직 중인 제주특별자치도청 조상범 특별자치행정국장님, 기획재정부 기획조정실장으로 퇴직하신 문성유 공무원연금공단 상임감사님, 행정직렬의 고위공무원으로서 제가 맡고 있는 사회복지업무에 많은 관심을 가져주시어 진심으로 깊은 감사의 말씀을 올립니다. 정책을 결정하는 분들의 사회복지에 관한 관심이 필요하기에, 꼭 필요한 저의 또 다른 멘토님들입니다.

사회복지전담공무원으로 맺은 소중한 인연, 제 마음속에 간직하고 희망을 품으며 살아가겠습니다. 멘토님들이 주신 가르침이 헛되이 되지 않도록 최선을 다해 하루하루 정진하겠습니다.

부록

공공사회복지에 대해 알아보자!

자활 근로 사업에 대해 알아보자!

근로유지형 사업은 현재의 근로능력 및 자활 의지를 유지하면서 향후 상위 자활 사업 참여를 준비하는 형태의 사업으로 지역 환경 정비, 공공시설물 관리 보조 등 노동강도가 약하나 지역사회 필수적인 공공서비스 제공사업를 예로 들 수 있습니다. 사회서비스형 사업은 매출액이 총사업비의 10% 이상 발생하고, 사회적으로 유용한 일자리 제공으로 참여자의 자활 능력 개발과 의지를 고취하여 향후 시장진입을 준비하는 사업입니다. 시장진입형 사업은 매출액이 총사업비의 30% 이상 발생하고, 취업 또는 자활기업 창업을 통한 시장진입을 지향하는 사업으로 시장진입 가능성이 높고 자활기업 창업이 용이한 사업을 대상으로 합니다.

인턴·도우미형 사업은 지자체, 지역자활센터, 사회복지시설 및 일반 기업체 등에서 자활 사업대상자가 자활인턴 사원으로 근로를 하면서 기술·경력을 쌓은 후 취업을 통한 자활을 도모하는 취업유도형 자활근로사업을 말합니다. 인턴형의 경우 수급자의 자활 유도가 용이한 기술(전기, 용접, 이·미용, 요리, 정비, 운전, 제과·제빵 등) 습득이 가능한 업체에서 근무하며, 복지도우미형은 시·군·구 자활 사업 부서 또는 읍·면·동에서 자활 사업(자산형성지원사업 포함) 홍보·안내 및 읍면동 사회 복지 담당 공무원의 업무 수행을 보조·지원하는 역할을 담당합니다. 자활도우미형은 자활근로사업단 매출액 관리 등 회계업무 수행, 사업장·참여자 관리 등 자활 사업 실시기관 사업담당자 업무를 보조합니다. 마지막으로 사회복지시설의 보조 인력으로 자활 사업 참여자를 활용하는 사회복지시설 도우미형이 있습니다.

조건부 수급자 상담은 일차적으로 읍·면·동에서 진행됩니다. 시청에서 통지문 받고 찾아오신 분 중 대다수는 먼저 읍·면·동을 방문하시거나 전화로 상담을 요청하십니다. 통지문을 수령하신 분들은 크게 세 가지로 신규 책정된 분들, 근로능력평가에 따른 자활 사업 안내, 취업 준비 등 환경 변화에 따른 조건부 수급자의 상담입니다. 기초생활보장 생계급여의 근로능력이 있는 수급권자는 소득인정액 등 선정 기준 충족 시 자활 사업에 어떻게 참여하면 되는지 묻는 신규 책정자, 기존 수급자가 근로능력평가 있음으로 자활 사업에 참여하게 되거나 건강 악화에 따른 근로능력 없음으로 자활 사업가 불가함을 안내하는 경우가 있습니다.

그리고 자활 사업에 참여하고 있으나 환경변화로 자활 사업 참여가 곤란한 경우에 따른 상담이 두 가지로 나뉘게 됩니다. 먼저 조건부과 유예입니다. 조건부과 유예는 가구 또는 개인의 여건 등으로 자활 사업에 참가하기가 곤란한 경우를 의미합니다. 미취학자녀 또는 질병·부상자를 양육, 간병·보호해야 하는 가구원 1인, 대학생, 임산부, 병역법에 따른 입영예정자 또는 전역자, 학교 졸업(중퇴)의 경우 등이 있습니다. 그리고 조건제시 유예입니다. 단기적으로 자활 사업 참여를 유보할 수 있는 경우를 말합니다. 시험준비생, 취업준비생, 실업급여 수급자(실업급여 수급 기간은 구직활동을 전제로 하므로 자활 사업에 참여하지 않아도 조건 이행으로 관리) 등이 있습니다.

사회복지관에 대해 알아보자!

현행 사회복지사업법에서는 사회복지관을 이렇게 정의합니다.

지역사회를 기반으로 일정한 시설과 전문인력을 갖추고 지역주민의 참여와 협력을 통하여 지역사회의 복지문제를 예방하고 해결하기 위하여 종합적인 복지서비스를 제공하는 시설을 말한다.

그리고 사회복지사업법에서는 사회복지관을 사업을 4가지로 분류합니다.

지역사회의 특성과 지역주민의 복지욕구를 고려한 서비스 제공 사업, 국가·지방자치단체 및 민간 부문의 사회복지서비스를 연계·제공하는 사례관리 사업, 지역사회 복지공동체 활성화를 위한 복지자원 관리, 주민교육 및 조직화 사업, 그 밖에 복지증진을 위한 사업으로써 지역사회에서 요청하는 사업을 이야기할 수 있습니다.

사회복지관이 종합적인 복지서비스를 제공하는 시설이라고 하지만, 시설이라는 말에 기초생활수급자 또는 차상위계층의 저소득층 또는 노인·장애인과 같은 취약계층만 이용 가능하다고 생각할 수 있습니다. 물론 기초생활수급자 또는 차상위계층, 장애인·노인·한부모 등의 지역주민에게 우선 제공하여야 하는 것은 사실이지만, 기본적으로 사회복지관은 모든 지역주민을 대상으로 사회복지서비스를 실시합니다.

제가 사회복지 현장실습을 진행했던 곳도 제가 사는 지역에 위치한 영락종합사회복지관이었습니다. 실습을 진행하면서 생각보다 다양한 주민들을 위한 사업들이 사회복지관에서 운영된다는 사실에 놀랐던 기억이 있습니다. 지역 주민들의 복지 체감도를 높이기 위해 대한민국의 사회복지관들은 저마다 다양한 사업들을 추진하며 최선을 다하고 있음을 기억하여 주시면 좋겠습니다.

기초생활보장 소득인정액에 대해 알아보자!

(2024년 7월 기준) 기초생활보장의 소득인정액 =
소득평가액(실제 소득 – 가구특성별 지출비용 – 근로소득공제)
+ 재산의 소득환산액[(재산 – 기본재산액 – 부채) × 소득환산율]
※ 소득평가액, 재산의 소득환산액이 (–)인 경우는 0원으로 처리

※ 재산은 주거용재산 · 일반재산 · 금융재산 · 자동차로 구분하며, 부채는 자동차 항목으로 분류된 차량가액에는 적용하지 않음

먼저 기초생활보장의 소득평가액입니다. 실제소득은 보충성의 원칙에 따라 국민연금, 기초연금 등의 타 사회보장제도의 공적이전소득을 포함하여 다음과 같이 크게 4가지로 분류합니다.

1) 근로소득 : 상시근로자 소득, 일용근로자 소득, 자활근로소득, 공공일자리 소득
2) 사업소득 : 농업소득, 임업소득, 어업 및 양식업 소득, 기타사업소득
3) 재산소득 : 임대소득, 이자소득, 연금소득
4) 이전소득 : 사적이전소득, 부양비(의료급여 수급(권)자만 해당), 공적이전소득

실제소득에서는 아동수당, 부모급여 등 실제소득 산정에서 제외하는 금품이 있습니다. 실제소득에서 그리고 가구특성별 지출비용은 공제합니다. 가구특성별 지출 비용은 제목 그대로 가구특성에 따른 지출 비용을 공제한다는 정의로, 장애요인(「장애인연금법」 제6조에 따른 기초급여액 및 「같은 법」 제7조에 따른 부가급여액등) · 질병요인(만성질

환 등의 치료 · 요양 · 재활로 인하여 의료기관의 진단서 및 진료비 영수증 첨부하여 조사일 기준으로 직전 3개월간 지출한 의료비 등) · 양육요인(「한부모가족지원법」 제12조제1항에 따른 아동양육비 및 같은 법 제12조제2항에 따른 추가아동양육비 등) · 국가유공요인(국가유공자, 독립유공자, 보훈대상자, 체육유공자에 대한 생활조정수당, 참전명예수당 중 1인 가구 기준 중위소득의 20% 이하에 해당하는 금액 등)이 있습니다.

그리고 소득평가액에서 마지막으로 공제하는 근로소득공제입니다. 근로를 유인하기 위한 요인으로 '생계 · 주거 · 교육급여 수급(권)자'의 근로 · 사업소득은 30%를 공제 적용하며, 생계 · 주거 · 교육급여 수급(권)자의 30% 이상 추가공제 대상 및 의료급여 수급(권)자의 공제 기준은 「한부모가족지원법」에 따른 청소년 한부모 · 장애인 등 별도 적용하고 있습니다.

즉 기초생활보장제도의 소득평가액은 실제소득을 100% 반영하지 않습니다. 노인 · 장애인 등 다양한 가구별 특성을 반영하여 소득 공제 처리를 합니다. 또한 자활 및 자립 촉진이라는 기초생활보장 도입 취지를 반영한 제도 설계입니다. 종합하자면 소득 발생으로 인한 급여별 선정 기준선 초과로 소득 과소 신고라는 상황을 막고 근로를 유인하기 위해 근로소득공제를 적용하여 소득평가액을 산출하게 됩니다. 특히 근로유인을 위한 자립·자활 촉진을 위해 근로소득공제는 몇 년 사이 생계·주거·교육급여 수급(권)자의 경우 일반인에게도 적용되는 등 그 적용 범위가 확대되었습니다.

다음은 기초생활보장의 재산의 소득환산액입니다.

재산의 소득환산액＝{(재산의 종류별 가액－기본재산액－부채)}×재산의 종류별 소득환산율

앞서 재산을 주거용재산·일반재산·금융재산·자동차로 구분한다고 말씀드렸습니다. 먼저 재산의 종류별 가액은 공적자료로 파악 및 적용합니다.

그리고 보장가구의 기본적 생활 유지에 필요하다고 인정되어 보건복지부장관이 정하여 고시하는 금액으로 소득환산에서 제외되는 재산가액, 즉 기본재산액을 공제합니다. 지역별 전세가격(최저주거면적 전세가격) 등의 차이를 감안하되 가구 규모와 관계없이 다음 금액을, 아래의 표와 같이 적용합니다.

구분 \ 지역	서울	경기	광역·세종·창원	그 외 지역
생계·의료·주거·교육급여	9,900만원	8,000만원	7,700만원	5,300만원

부채는 임대보증금 및 「금융실명거래 및 비밀보장에 관한 법률」 제2조제1호에 따른 금융회사등으로부터 받은 대출금 및 주택연금과 농지연금의 누적액을 의미합니다. 재산의 소득환산액에서 가장 중요한 점은 바로 재산을 종류별로 나눈다는 점과 소득환산율을 달리 적용한다는 점입니다.

재산의 종류별 소득환산율을 아래와 표와 같습니다.[5]

구분 \ 종류별	주거용재산	일반재산	금융재산	자동차 (소득환산율 100% 적용되는 자동차)
수급(권)자	월 1.04%	월 4.17%	월 6.26%	월 100%
부양의무자	월 1.04%		월 2.08%	

재산의 소득환산액의 산출방식으로 주거용재산의 경우 인간의 삶에 있어 의식주가 필수적이므로, 수급(권)자의 주거안정성을 고려하여, 일반재산의 1/4 수준으로 환산율 완화하여 적용한다고 합니다. 일반재산은 지역별 전세가격 등 재산 수준, 신규 수급자 규모 등을 감안하여 기

[5] 장애인연금과 기초노령연금은 재산 유형에 관계 없이 연 5%의 환산율 적용

본재산액을 초과하는 일반재산을 2년 동안에 최대한 사용하는 경우의 환산율 적용하며, 금융재산의 경우 현금으로 쉽게 바꿀 수 있는 점을 고려하여 일반재산의 1.5배 수준의 환산율 적용합니다. 그리고 가장 중요한 일반재산으로 분류되지 않는 소득환산율이 100% 적용되는 자동차의 경우 수급(권)자가 재산가액에서 차감 또는 감면되거나 일반재산 환산율이 적용되는 자동차를 제외한 자동차를 보유하는 경우, 기초생활보장 수급자로 선정 보장하기 곤란하다는 현재의 국민 정서를 감안하여 월 100% 소득환산율 적용합니다.

부채는 소득환산율이 낮은 순서대로(주거용재산→일반재산→금융재산) 차감하지만, 재산을 모두 차감하여 부채의 잔액이 남는 경우라도, 소득환산율이 100% 적용되는 자동차의 재산 가액에서는 부채를 차감하지 않으므로, 소득환산율이 100% 적용되는 자동차 분류되는 자동차 보유 시 국민기초생활보장 수급자로 선정되기 어렵다고 할 수 있습니다. 예를 들어 소득이 전혀 없고 부채는 1억원에 월세를 살고 있다고 하는 1인 가구 수급권자가 차령 10년 이상 및 배기량 1,600CC 이상 승용자동차를 보유하고 있다면 생계·의료급여에서는 소득환산율이 100% 적용되는 자동차로 자동차 가액이 월 소득인정액으로 100% 적용되어 수급자 책정이

희박하고, 주거·교육급여에서는(교육급여는 초·중·고 학생이 없으므로 예시에서는 실익이 없음) 일반재산으로 분류되어 수급자로 책정될 확률이 상대적으로 높다고 할 수 있습니다.

즉 승용자동차의 경우 한가지 예를 들자면 생계·의료급여의 경우 배기량 1,600CC 미만의 승용자동차(전기자동차는 「자동차관리법 시행규칙」 제2조 [별표1]의 소형 승용자동차에 해당하는 것) 중 차령 10년 이상 또는 차량가액이 200만 원 미만인 자동차가 일반재산에 해당되며, 주거·교육급여는 배기량 2,000CC 미만의 승용자동차(전기자동차는 「자동차관리법 시행규칙」 제2조 [별표1]의 중형 이하 승용자동차에 해당하는 것) 중 차령 10년 이상 또는 차량가액이 500만 원 미만인 자동차이면 일반재산에 해당됩니다.

재산의 종류별 소득환산율은 국민기초생활보장제도의 보충성 원리와 최저생활보장 원리의 절충을 통해 산출되는 것으로 통상의 이자율(수익률)과 다릅니다. 만약 현행 이자율에 기초하여 환산율을 설정하게 되면 억대 이상의 재산보유자도 수급(권)자로 선정 보장되는 문제가 발생한다고 합니다. 그리고 일반재산 환산율인 4.17%는 기본재산을 초과하는 재산은 2년 이내 소진하는 것을 산정하여 도출한 것입니다.(4.17% ×24개월=100%), 기초생활수급자로 선정·보장되기 전에 자신의 재산·소득·근로능력 등을 최대한 활용하도록 하는 기초생활보장 보충성의 원리에 기초하되, 최저생활보장의 원리도 반영했습니다. 보유재산 등에 대한 활용 기간을 적정하게 부여되도록 소득환산율을 설계했습니다. 일반 재산 중 주민등록지의 집은 자가로 주거용재산으로 분류되어 지역별 주거용재산 한도 내에서 주거용재산 환산율을 적용받게 됩니다.

예를 들어 제주특별자치도에서 생계급여 수급(권)자가 1억 2,200만 원 주거용재산 보유 시 ① 주거용재산 적용 한도인 1억 1,200만 원을 초과하는 1,000만 원은 일반재산 환산율 4.17% 적용 ② 남은 주거용재산 1억 1,200만 원 중 제주특별자치도의 기본공제액인 5,300만 원을 차감 ③ 남은 금액 5,900만 원은 주거용재산 환산율(1.04%)을 적용합니다. (반드시 순서에 유의) 그리고 주거용재산에 해당하는 주택을 소유하고 있더라도 해당 주택에 거주하지 않으면 일반재산으로 반영(주소는 제주특별자치도 제주시이지만, 서울특별시에 소재하고 있는 공동주택 아파트를 보유한 경우 주거용 재산이 아닌 일반재산으로 처리)합니다.

제주의 장애인직업재활시설과
장애인생산품판매시설에 대해 알아보자!

장애인복지시설에는 여러 종류가 있으며 장애인복지법상 장애인직업재활시설은 아래와 같이 정의합니다.

일반 작업환경에서는 일하기 어려운 장애인이 특별히 준비된 작업환경에서 직업훈련을 받거나 직업 생활을 할 수 있도록 하는 시설(직업훈련 및 직업 생활을 위하여 필요한 제조·가공 시설, 공장 및 영업장 등 부속용도의 시설로서 보건복지부령으로 정하는 시설(법 제58조제1항제3호에서 "보건복지부령으로 정하는 시설"이란 장애인 직업재활시설에서 장애인에게 직업훈련 및 근로기회의 제공을 목적으로 운영하는 제조·가공 시설, 공장, 영업장 및 판매시설을 말한다)을 포함한다.

2020년 기준, 제주도내에 있는 장애인직업재활시설은 10개소입니다. 춘강장애인근로센터는 복사용지와 재제조 카트리지·침구류 등의 제품을 생산하고, 에코소랑은 화장지류·발효과실액 등의 생산품, 그리고 일배움터는 각종 화훼, 아가곱드래는 현수막·상패·인쇄용 판촉물을 만듭니다. 평화의 마을은 수제소시지 등 육가공품, 한라원장애인직업재활시설은 제과 및 제빵, 어울림터는 된장·간장, 청국장·양초 등을 생산합니다. 길직업재활센터는 종이컵·세탁업 등 희망나래일터는 인쇄물,·쇼핑백 등 그리고 엘린은 호텔업·청소용역·소독 등의 서비스를 제공하고 있습니다. 최상의 제품으로 생산하고 질 좋은 서비스를 제공하기 위해 근로 장애인 종사자들은 많은 노력을 하고 있습니다.

> 장애인생산품판매시설은 현행 장애인복지법 제58조 및 장애인복지법 시행령 36조에서 정해진 장애인복지시설입니다.

제주특별자치도 장애인생산품판매시설의 홍보·마케팅 방식으로는 제주도 장애인직업재활협회주관으로 제주도교육청 및 각 시 교육지원청 우선구매 담당자와 구매 관련 간담회, 제주개발공사와 제주도청이 주최하는 공공구매전시 및 구매상담이 있습니다. 그리고 직업재활시설과의 합동 마케팅 및 제주특별자치도청 담당 부서인 장애인복지과의 공동 마케팅도 추진하고 있습니다. 또한 제주도 내 탐라문화재 등 행사에 참여하여 장애인생산품 홍보 및 판매를 하고 있습니다. 장애인생산품은 점점 제주도 내 각 기관 및 단체의 높은 관심과 호응을 얻고 있습니다.

장애인생산품 판매 증가는 장애인의 고용기회를 증대시키고 근로 장애인들에게는 고용유지 및 소득증대와 재활에 크게 기여하고 있습니다.